"读原著·学原文·悟原理"丛书

DUYUANZHU XUEYUANWEN WUYUANLI

《1857—1858年经济学手稿》这样学

孙熙国 张梧 主编

汪越 张晶 朱正平 著

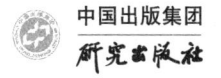

中国出版集团
研究出版社

图书在版编目(CIP)数据

《1857—1858年经济学手稿》这样学 / 汪越, 张晶, 朱正平著. -- 北京：研究出版社, 2022.4
ISBN 978-7-5199-1231-4

Ⅰ.①1… Ⅱ.①汪… ②张… ③朱… Ⅲ.①马克思主义政治经济学 – 马克思著作研究 Ⅳ.①A811.66

中国版本图书馆CIP数据核字(2022)第049744号

出 品 人：赵卜慧
出版统筹：张高里　丁　波
责任编辑：朱唯唯
助理编辑：何雨格

《1857—1858年经济学手稿》这样学

1857—1858NIAN JINGJIXUE SHOUGAO ZHEYANGXUE

汪越　张晶　朱正平　著

研究出版社 出版发行

（100006　北京市东城区灯市口大街100号华腾商务楼）
北京中科印刷有限公司印刷　新华书店经销
2022年4月第1版　2023年1月第3次印刷
开本：787毫米×1092毫米　1/32　印张：4
字数：53千字
ISBN 978-7-5199-1231-4　定价：29.80元
电话（010）64217619　64217612（发行部）

版权所有·侵权必究
凡购买本社图书，如有印制质量问题，我社负责调换。

"读原著·学原文·悟原理"丛书编委会

编委会主任：

孙熙国　孙蚌珠　孙代尧　张　梧

编委（以姓氏笔画为序）：

王　蔚　王继华　田　曦　任　远

孙代尧　孙蚌珠　孙熙国　朱　红

朱正平　吴　波　李　洁　何　娟

汪　越　张　梧　张　晶　张　懿

余志利　张艳萍　易佳乐　房静雅

金德楠　侯春兰　姚景谦　梅沙白

曹金龙　韩致宁

编委会主任

孙熙国,北京大学马克思主义学院教授、博导,北京大学习近平新时代中国特色社会主义思想研究院常务副院长,北京大学学位委员会马克思主义理论学科分会主席,国家"万人计划"教学名师,中央马克思主义理论研究和建设工程课题组首席专家,国务院学位委员会马克思主义理论学科评议组成员,教育部马克思主义理论类专业教学指导委员会副主任委员。兼任国际易学联合会会长,中国历史唯物主义学会副会长,北京市高教学会马克思主义原理研究会会长。

在《哲学研究》等刊物发表学术论文百余篇,著有《先秦哲学的意蕴》《马克思主义基本原理前沿问题研究》(第一作者)等,主编高校哲学专业统一使用重点教材《中国哲学史》,主编全国高中生统用教科书《思想政治·生活与哲学》《思想政治·哲学与文化》,获首届全国优秀教材一等奖。主持"马藏早期文献与马克思主义在中国的早期传播""马克思主义基本原理的学科对象与理论体系"等国家哲学社会科学重大项目和重点项目。

孙蚌珠,经济学博士,教授。现任北京大学马克思主义学院党委书记、习近平新时代中国特色社会主义研究院副院长。教育部高等学校思想政治理论课教学指导委员会委员总教指委主任委员、"形势与政策"和"当代世界经济和政治"分指导委员会主任委员。马克思主义研究和建设工程首席专家,国家义务教育教科书"道德与法治"编委会主任,国家统编高中思想政治教材《经济与社会》主编、国家中等职业学校思想政治教材编委会主任。中国政治经济学学会副会长、中国《资本论》研究会副会长。主要从事政治经济学、中国特色社会主义经济理论与实践研究,获得过北京市科学技术进步二等奖,是全国首届百名优秀"两课"教师、全国思想政治理论课影响力标兵人物、北京市高等学校教师名师、国家"万人计划"教学名师、享受国务院政府特殊津贴专家。

孙代尧,北京大学法学学士、硕士和博士。现任北京大学博雅特聘教授、社会科学学部学术委员和马克思主义学院学术委员会主任,《北京大学学报(哲学社会科学版)》主编。曾任马克思主义学院副院长、学位委员会主席、教育部高校思政课教学指导委员会委员。

先后入选国务院政府特殊津贴专家、中宣部全国文化名家暨"四个一批"人才、国家"万人计划"第一批哲学社会科学领军人才;担任中央马克思主义理论研究和建设工程专家、中国科学社会主义学会副会长等。

主要从事马克思主义理论、社会主义历史和理论等领域的教学和研究。担任教育部哲学社会科学研究重大课题攻关项目、国家社科基金重大项目首席专家。科研成果曾获北京市哲学社会科学优秀成果一等奖等多个奖项。

张梧,哲学博士。现为北京大学哲学系助理教授、研究员、博士生导师,中国人学学会秘书长、北京大学中国特色社会主义理论体系研究中心研究员、济宁干部政德学院"尼山学者"。主要研究方向是马克思主义哲学史、社会发展理论等。曾著有《马克思恩格斯〈德意志意识形态〉研究读本》《社会发展的全球审视》等学术专著,在《哲学研究》等核心期刊发表论文30余篇。

代序

马克思主义可以这样学

马克思主义应该怎样学？马克思主义经典著作应该怎样读？北京大学马克思主义学院以博士生的"马克思主义经典著作研读"课为抓手，进行了积极的探索，走出了一条"读原著、学原文、悟原理"的新路子，逐步形成了马克思主义理论专业人才培养的"北大模式"。

北京大学具有学习、研究和传播马克思主义的光荣传统。北京大学是中国马克思主义的发祥地，是中国共产党最早的活动基地，是中国马克思主义理论教育的诞生地。1920年，李大钊在北大开设了"唯物史观""工人的国际运动与社会主义的将来""社会主义与社会运动"等马克思主义理论课程和专题讲座，带领学生阅读马克思主义经典著作，公开讲授和宣传马克思主义。李大钊在北大所做的这些工作，与拉布里奥拉在意大利罗马大学、布哈林在苏俄红色教授学院、河上肇在日本京都帝国大学进行的马克思主义理论教学和研究工作，共同开启了马克思主义理论进入高校课堂的先河。

一百多年过去了，一代代的北大人始终把学习研究和宣传马克思主义作为自己的崇高使命，始终把马克思主义经典著作的学习研读作为教育教学的一项重要内容。2014年5月4日，习近平在北京大学师生座谈会上的讲话中指出，北京大学是新文化运动的中心和五四运动的策源地，是这段光荣历史的见证者。长期以来，北京大学广大师生始终与祖国和人民共命运、与时代和社会同前进，在各条战线上为我国革命、建设、改革事业作出了重要贡献。2018年5月2日，习近平总书记在北京大学考察时指出，北京大学是中国最早传播和研究马克思主义的地方。中国共产党的主要创始人和一些早期著名活动家，正是在北大工作或学习期间开始阅读马克思主义著作、传播马克思主义的，并推动了中国共产党的建立。这是北大的骄傲，也是北大的光荣。由此我们可以看到，北大具有学习研究和传播马克思主义的光荣传统，具有与祖国和人民共命运、与时代和社会同前进的光荣传统，具有爱国、进步、民主、科学的光荣传统。因此，如果要讲北大传统，首先就是马克思主义的传统；如果要讲北大精神，首先就是马克思主义的精神。北大学习研究和传播马克思主义的精神和传统始终与马克思主义经典著作的研读和学习紧紧结合在一起。

2018年5月2日，习近平总书记视察北大马克思主义学院时指出："高校马克思主义学院就是要坚持'马院姓马，在马言马'的鲜明导向和办学原则，为巩固马克思主义在意识形态领域的指导地位，推动马克思主义进校园、进课堂、进学生头脑，发挥应有作用。"在习近平总书记重要讲话精神的指导下，北京大学马克思主义学院逐步确立了以"埋首经典，关注现实"为基本理念、以马克思主义经典文献学习研读为重要内容的马克思主义卓越人才培养的"北大模式"。其中加强和完善"马克思主义经典著作研读"课程，并对研究生、特别是博士研究生进行马克思主义经典著作的中期考核成为北大博士生培养的一个重要环节。

北京大学马克思主义学院的学生究竟怎样学习马克思主义基本原理？怎样阅读马克思主义经典著作呢？

习近平总书记指出："学习理论最有效的办法是

读原著、学原文、悟原理。"要学好马克思主义理论，就必须要读马克思主义经典作家的原著，学马克思主义经典作家的原文，悟马克思主义基本原理。一句话，就是必须要学好马克思主义经典著作。"马克思主义经典著作"这门课一直是我国高校马克思主义学院研究生的核心课程。北大给硕士生开设的马克思主义经典著作课叫"马克思主义经典著作导读"，给博士生开设的马克思主义经典著作课叫"马克思主义经典著作研读"。我负责博士生的"马克思主义经典著作研读"课始自2010年秋季。一开始是我一个人讲，后来孙蚌珠、孙代尧老师加入进来，再后来马克思主义基本原理所、马克思主义发展史所的老师们也陆续加入到了本课程的教学和研究工作中。博士生的"马克思主义经典著作研读"课程的学习时间是一年，学习阅读的文本有30多篇。北大学习研读经典文本的基本方式是在学习某一文本之前，先由学生来做文献综述，通过文献综述把这一文本的文献概况、主要内容、学界争论的焦点问题、学者研究的基本方法和形成的基本范式梳理概括出来。呈现给读者的这套《读原著、学原文、悟原理》丛书，就是北京大学马克思主义学院2016级博士生在"马克思主义经典著作研读"课程学习过程中,在授课老师指导下围绕所学的马克思恩格斯经典文本完成的成果结集。授课教师从2016级博士生的研读成果中精选出了优秀的研究成果,经反复修改完善,以"读原著、学原文、悟原理"作为丛书书名出版。

本丛书收录了从马克思高中毕业撰写的三篇作文到恩格斯晚年撰写的《路德维希·费尔巴哈和德国古典哲学的终结》等代表性著述20余篇。这20篇著作是北京大学马克思主义学院马克思主义理论一级学科各专业和政治经济学、科学社会主义与国际共产主义运动专业博士生必修课"马克思主义经典著作研读"的必学书目。丛书作者对这20余篇著作的研究状况和研究内容的梳理、概括和总结,基本上反映了北大"马克思主义经典著作研读"课程的主要内容,展现了北大马克思主义学院博士生学习研读马克思主义经典著作的基本情况,是北大博士生阅读马克思主义经典文本、学习马克思主义基本原理的一个缩影。在某种意义上说,这些成果体现了北大马克思主义学院博士生学习马克思主义经典著作的基本方式。因此,我们可以自豪地说,马克思主义经典文本可以"这样读",马克思主义基本原理可以"这样学"。

本书对马克思恩格斯每一时期文本的介绍和阐释主要是围绕以下四个方面的内容展开的。一是对马克思恩格斯这一文本的写作、出版和传播等主要情况的介绍和说明，二是对这一文本的主要内容的介绍和提炼，三是对国内外学者关于这一文本研究的基本方法、形成的基本范式和切入点的概括总结，四是对国内外学者在这一文本研究过程中所涉及到的一些具有争议性的问题或焦点问题的梳理和辨析。在每一章的后面，作者又较为详细地列出了该文本研究的主要参考文献，也就是关于每一个文本的代表性研究成果。本书力图从以上四个方面入手，尽可能客观全面地展示国内外学者关于马克思恩格斯这些经典文本的研究状况、研究结论和研究方法，以期对马克思主义学院师生学习、研读马克思主义经典著作提供参考和借鉴。

马克思主义理论是我们做好一切工作的看家本领，也是领导干部必须普遍掌握的工作制胜的看家本领。我们期望这套 20 本的"读原著、学原文、悟原理"丛书能够在这方面给大家提供一些积极的启示和有益的帮助。

孙熙国

2022.2

目 录 | CONTENTS

一、文献写作概况　　001

二、文献内容概要　　004

三、研究范式　　023

四、焦点问题　　029

一、文献写作概况

马克思在19世纪40年代初就开始了政治经济学的研究，1848年到1849年由于投身欧洲革命而中断。革命失败后，马克思于伦敦重新开始研究。伦敦是当时资本主义的中心，不列颠博物馆的图书馆为马克思提供了丰富的经济学文献。马克思阅读了大量经济学著作、报刊资料等，并做了大量笔记。1856年，马克思认为资本主义危机就要爆发，加快了研究步伐，政治经济学手稿也就是这一时期的成果，写于1857年7月至1858年3月，现统称为《1857—1858年经济学手稿》(本篇简称《手稿》)。这部手稿在莫斯科以德文第一次发表时，编者以《政治经济学批判大纲》命名，故又简称《大纲》。

这部《手稿》不是为了发表而作的，带有明显草稿的性质，其章节的划分并不明确，中间穿插着许多涉及不同领域的思想。其内容丰富，在马克思思想发展史中承上启下，是一部研究意义重大的手稿。在《巴师夏和凯里》中，马克思第一次明确地区分了资产阶级古典经济学和资产阶级庸俗经济学。马克思以巴师夏和凯里为代表，说明庸俗经济学家对资本主义阶级矛盾的调和，揭示了资本主义经济的客观规律性及其内在对抗性。《导言》是马克思为正在计划写的一部政治经济学著作而写的，这篇手稿中详细地论述了其关于政治经济学的对象和方法的观点，指出生产的决定作用；阐述了政治经济学从抽象上升到具体的方法，作为理论出发点的具体，在研究结果中表现为许多规定的综合，而科学的抽象与具体的现实前提密不可分，从简单到复杂的思维过程是与现实历史过程相一致的；拟定了未来经济学著作的结构计划，《一般的抽象的规定》《资本、雇佣劳动、土地所有制》《资产阶段在国家的形式上的概括》《生产的国际关系》《世界市场和危机》。"货币"章中，马克思批判了蒲鲁东主义的货币理论，驳斥了其通过银行改革等方法克服资本主义矛盾的观点，还提出了重要的商品生产中的劳动二重性论点，使他与资产阶级古典经济学劳动价值理论区别开。"资本"章中，马克思阐明了资本主义的剥削机制,论述了资本的本质,揭示了工人和资本家、劳动和资本之间的关系;提出了"劳动力商品"的概念,论述了剩余价值的两种形式,即绝对剩余价值与相对剩余价值;阐述了实践节约的规律在共产主义条件下的意义等。另外《手稿》还包括《七个笔记本的索引》以及为《政治经济学批判》第一分册所做准备的写作部分。

《手稿》的发现和传播较马克思其他大部头的著作来说可以说晚近而波折,是马克思较晚面世的一部《手稿》。在恩格斯整理和出版马克思《资本论》未完成的手稿时,参考其所写序言以及书信,均未提及《手稿》。至1903年,卡尔·考茨基于《新时代》上发表了连带一篇片段的《〈政治经济学批判〉导言》,提出其中有很多新观点。至1923年,莫斯科马克思恩格斯研究院院长以及《马克思恩格斯全集》历史考证版(MEGA)组织者达纬德·梁赞诺夫在柏林的遗嘱中发现了这部《手稿》的存在,并推断其写于19世纪50年代中期。《大纲》没有被收入1928—1947年的《马克思恩格斯全集》俄文第一版,它的第一个德文重印版直至1953年于东柏林出版。在这之后,新一篇引起学者兴趣的是《资本主义生产以前的各种形式》，自1939年被译为俄文之后，又被译为日文，并出版了德文以及英文的摘要单行本，扩大了传播范围。《大纲》的全译本出现在20世纪50年代末期，日文本出现在1958—1965年，中文本（刘潇然译本）出现于1962—1978年间，俄文本则是1968—1969年才作为马恩全集第二版的补卷出版。20世纪60年代末期，《大纲》开始在西欧流传，首先是法国，然后是意大利、西班牙先后出版。英译本则是最早由戴维·麦克莱伦出版的节选本，完整译本则于1973年问世。20世纪70年代，《大纲》开始在东欧传播。20世纪80年代有了在中东传播的波斯文译本。①

二、文献内容概要

马克思在19世纪四五十年代收集了大量的资料，并对这些资料进行了批判性的吸收和创造性的理论概括，所留下的重要成果就是1857—1858年

---

① ［意］马塞罗·默斯托：《〈大纲〉在世界上的传播与接受．导言》，载《马克思的〈大纲〉：〈政治经济学批判大纲〉150年》，闫月梅等译，中国人民大学出版社2016年版，第227—234页。

的三份草稿，这是马克思计划中的经济学巨著的初稿。包括两份简短的未完成手稿《巴师夏和凯里》和《导言》，以及计划中巨著的草稿。

手稿《巴师夏和凯里》产生于1857年7月，马克思第一次明确地区分了资产阶级古典经济学和资产阶级庸俗经济学。马克思以巴师夏和凯里为代表，说明资产阶级经济思想在走下坡路，庸俗经济学家对资本主义阶级矛盾的调和，揭示了资本主义经济的客观规律性及其内在对抗性，指出了资本主义经济规律的本质。马克思在1858年1月16日致恩格斯的信中说道："在所有的现代经济学家中，巴师夏先生的《经济的谐和》集庸俗之大成。只有癞蛤蟆才能搞出这种谐和烂泥汤。"[①]

在比较古典政治经济学家斯密、李嘉图和庸俗学派的观点的基础上，马克思指出古典经济学并不隐瞒资本主义生产关系的矛盾性质，"朴素地描绘生产关系的对抗"[②]，巴师夏和凯里则试图掩盖资本主义制度的对抗性，与他们一类的庸俗经济学家们认为资本主义生产是和谐发展：资产阶级社会的危

---

① 《马克思恩格斯全集》第29卷，人民出版社1972年版，第250页。
② 《马克思恩格斯全集》第46卷，人民出版社1979年版，第4页。

机或者是由于封建的残余和国家干涉经济生活（巴师夏），或者是由于"竭力追求工业垄断的英国对世界市场的破坏作用"①（凯里）。马克思指出了庸俗经济学家充当资本主义辩护人的角色，通过对工人实际状况的分析，揭示了资本主义经济的本质，以及其内在的对抗性，创造性地提出资本主义经济的客观规律。

另一个未完成的草稿《导言》写于1857年8月底，是马克思为正在计划写的一部政治经济学著作而写的，这篇手稿中详细地论述了其关于政治经济学的对象和方法的观点，指出了生产的决定作用；阐述了政治经济学的从抽象上升到具体的方法，作为理论出发点的具体，在研究结果中表现为许多规定的综合，而科学的抽象与具体的现实前提密不可分，从简单到复杂的思维过程是与现实历史过程相一致的；拟定了未来经济学著作的结构计划《一般的抽象的规定》《资本、雇佣劳动、土地所有制》《资产阶段在国家的形式上的概括》《生产的国际关系》《世界市场和危机》。马克思在1859年1月的

---

① 《马克思恩格斯全集》第46卷，人民出版社1979年版，第6页。

《政治经济学批判》第一分册序言(即《政治经济学批判〈序言〉》)中写道:"我把已经起草好的一篇总的导言压下了,因为仔细想来,我觉得预先说出正要证明的结论总是有妨害的,读者如果真想跟着我走,就要下定决心,从个别上升到一般。"①

在《导言》中,马克思阐述了关于政治经济学的对象和方法的观点。马克思指出亚当·斯密之后的资产阶级经济学家忽视生产和分配的关系,割裂地研究生产和分配问题,不把资本主义看作社会发展的特定阶段,认为资本主义制度是永恒的。不同于资产阶级经济学家把资本主义生产当作永恒的生产方式,马克思把生产看作一定社会性质下的生产,并把当时资本主义社会的生产作为他的研究对象。他从唯物史观出发得出社会生产占第一位的观点,因此在社会的整个生产、分配、交换和消费过程中,生产决定分配、交换和消费,生产不仅是整个过程的起点,还是这个统一体中的决定性的要素,分配的形式取决于生产的形式,继而决定交换的形式和消费的形式。

---

① 《马克思恩格斯全集》第13卷,人民出版社1962年版,第7页。

马克思批判资产阶级经济学家对生产领域的刻意忽视，强调生产的决定性作用、人与人之间的生产关系，以及决定着一定的生产方式发展的客观规律，将生产关系看作社会发展的经济基础。并从此出发，继而研究属于政治的和意识形态的上层建筑领域的作用过程，探究上层建筑领域对经济基础的依赖过程和对经济基础的反作用。

《导言》中对艺术作为社会意识的一种形式的特征的阐述，表现了马克思对意识形态现象和支配艺术这一意识形态发展的特定规律的观点，物质对意识的决定作用，并不能排斥意识的相对独立性，在社会生活中，物质生产起着决定意识形态的作用，但人类艺术和文学活动这一上层建筑的发展也表现出其相对于物质生产的独立性。即艺术创作是特定历史社会关系的产物，虽然这些关系并不反映在以原始的、机械的方法创作的艺术作品中，但是与艺术的发展的特殊规律相一致，因此艺术的兴盛时期并不必然与经济的和其他的社会领域的发展阶段时期恰好相一致。以古希腊时期生产关系的落后和艺术的繁荣为例，马克思指出，不能简单化地谈上层建筑对经济基础的依赖性。事实证明，古代的艺术和文学仍然能够给我们以最高的艺术享受,虽然它们是社会生产关系处于低级发展阶段的产物。

在《导言》中,马克思阐明了政治经济学研究从抽象上升到具体的科学方法,指出研究应该从直接的、明显的事物出发,深入探索现象真正的实质,达到一些最简单的规定,继续前进,从抽象的规定达到"一个具有许多规定和关系的丰富的总体"①。资产阶级经济学完成了从具体到抽象的过程,而从抽象再到具体的过程,被马克思称为"科学上正确的方法",马克思认为思维过程应该是与现实的历史过程相一致的。马克思强调在经济学研究过程中必须采用逻辑的和历史的方法,指出必须把逻辑方法和历史方法结合起来对问题进行从抽象上升到具体的研究,必须逻辑一贯地考察经济范畴,逻辑评价不能被历史评价取代,因为在不同的历史阶段,各种经济现象所起的作用不同于它们在一定的经济结构中的作用。

马克思在《导言》中给出了他的经济学著作的第一个结构纲要,他写道:"显然,应当这样来分

---

① 《马克思恩格斯全集》第46卷,人民出版社1979年版,第38页。

篇：（1）一般的抽象的规定，因此它们或多或少属于一切社会形式……（2）形成资产阶级社会内部结构并且成为基本阶级的依据的范畴。资本、雇佣劳动、土地所有制。它们的相互关系。城市和乡村。三大社会阶级。它们之间的交换。流通。信用事业（私人信用）。（3）资产阶级社会在国家形式上的概括。就它本身来考察。'非生产'阶级。税。国债。公共信用。人口。殖民地。向外国移民。（4）生产的国际关系。国际分工。国际交换。输出和输入。汇率。（5）世界市场和危机。"[1]

《政治经济学批判大纲》是《资本论》的草稿，在马克思主义发展史上占有重要位置，马克思第一次制定了他的价值理论的主要内容和剩余价值理论这一马克思经济理论的基石。《大纲》尽管结构划分不细，马克思在写作过程中逐渐形成手稿的结构。在"货币"章中，马克思批判了蒲鲁东主义的货币理论，驳斥了其通过银行改革等方法克服资本主义矛盾的观点。还提出了重要的商品生产中的劳动二重性论点，使他与资产阶级古典经济学劳动价

---

[1] 《马克思恩格斯全集》第46卷，人民出版社1979年版，第46页。

值理论区别开。

马克思对蒲鲁东主义者阿尔弗勒德·达里蒙的经济观点的批判，是从批判蒲鲁东主义的货币理论开始的，他驳斥了蒲鲁东主义者认为"劳动货币"或"小时券"是消除劳动群众的贫困和受剥削的有效手段的观点，指出资本主义社会的对立性"决不是通过平静的形态变化就能炸毁的"①。马克思认为蒲鲁东主义者不触动资本主义经济基础而提出要消除资本主义一些"缺陷"的做法，"是一种使工人阶级迷失方向的、使他们脱离完成其历史使命的道路的空想"②。马克思在批判蒲鲁东主义者幻想的同时，论证了随着社会生产的发展和社会分工的出现，产品成为商品，商品和货币之间本质联系的问题，即"真正的问题是：资产阶级交换制度本身是否需要一个特别的交换工具？它是否必然会造成一个一切价值的特殊等价物？"③。马克思对这一问题的解决，就是发现了使用价值和价值，以及劳动的二

---

① 《马克思恩格斯全集》第46卷，人民出版社1979年版，第106页。
② 《马列著作编译资料》第3辑，人民出版社1979年版，《马克思恩格斯全集》历史考证版第2部分第1卷前言。
③ 《马克思恩格斯全集》第46卷，人民出版社1979年版，第68—69页。

重性——抽象劳动和具体劳动，解释了抽象劳动创造价值，具体劳动创造使用价值。

马克思认为对劳动二重性的认识是"对事实的全部理解的基础"[①]。劳动二重性是马克思的劳动价值论与古典经济学劳动价值论区别的重点所在，资产阶级古典经济学家不懂得区分具体劳动和抽象劳动之间的质的差异，因此无法用劳动价值论解释价值和利润的关系问题，马克思对劳动二重性的发现解释了利润的来源，是"对事实的全部理解的基础"。

关于对资产阶级古典政治经济学的批判，马克思在致斐迪南·拉萨尔的信中（1858年2月22日）写道："当然，我有时不能不对其他经济学家进行批判，特别是不能不反驳李嘉图，因为作为资产者，李嘉图本人也不能不犯即使从严格的经济学观点来看的错误。"[②] 马克思在阐述他的价值理论和货币理论时，对货币数量论进行了批判，指出决定商品价格的不是流通的货币量，而是商品的价值。马克思探讨了货币的演变过程，以及在交易扩大的

---

① 《马克思恩格斯全集》第31卷，人民出版社1972年版，第331页。
② 《马克思恩格斯全集》第29卷，人民出版社1972年版，第531页。

同时，货币职能的变化过程；辩证地分析了商品和货币的关系，在生产资料私有制的条件下，商品生产的发达形式必然是以货币转化为资本为前提。马克思指出"第一个表达资产阶级财富的范畴就是商品"。商品表现成价值时具有的同质性，与商品表现为使用价值时具有的天然异质性之间存在矛盾，在交换过程中，商品与特殊的商品货币对立，商品的价值在这一特殊的商品即货币上得到了独立的存在，从而在外部解决了商品本身价值和使用价值的矛盾。商品生产和交换价值的发展趋势必然导致"对自己劳动产品的私人所有权也就是劳动和所有权的分离，而这样一来，劳动将创造他人的所有权，所有权将支配他人的劳动"[①]。当货币在表面上解决了商品的使用价值和价值之间的矛盾时，它同时也使以私人交换为基础的商品生产的一切矛盾尖锐化了，使资本主义不可避免地面临经济危机。

在《大纲》的"资本"章中，马克思阐明了资本主义的剥削机制，论述了资本的本质，揭示了工人和资本家、劳动和资本之间的关系；提出了"劳

---

① 《马克思恩格斯全集》第46卷，人民出版社1979年版，第189页。

动力商品"的概念，分析了必要劳动和剩余劳动，论述了剩余价值的两种形式，即绝对剩余价值与相对剩余价值，以及不变资本和可变资本、剩余价值和利润的关系；阐述了实践节约的规律在共产主义条件下的意义等。"资本"章分为三篇：《资本的生产过程》《资本的流通过程》《资本是结果实的东西（利息、利润、生产费用等等）》。

马克思全部分析的中心问题是阐明了资本主义的剥削机制。资产阶级经济学家忽视生产领域，只关注流通领域，把资本看作简单的价值额，不能理解货币转化为资本的本质。资本主义生产关系的本质是由工人和资本家之间、劳动和资本之间彼此对立的关系决定的。对这种关系进行分析的困难在于一个事实，即工人和资本家之间的交换实际上是非等价的，但是在价值规律的基础上，在等价交换的基础上实现的。马克思指出资本购买劳动力的过程，"一方（资本）首先作为交换价值同另一方相对立，而另一方（劳动）首先作为使用价值同资本相对立"[①]，交换使资本家得到了一种生产力，"这种

---

① 《马克思恩格斯全集》第46卷，人民出版社1979年版，第223页。

生产力使资本得以保存和增殖"①。在这里，劳动并没有作为商品，而是作为工人卖给资本家的劳动力的使用价值存在，资本家以劳动力的价值获得了劳动这个商品，"工人要向资本提供的使用价值，并不是物化在产品中的，它根本不存在于工人之外，因此不是在实际上，而只是在可能性上，作为工人的能力存在"②。劳动力商品在交换过程中演变成劳动力的使用权，此时资本家是劳动力使用权的所有者。因此，在劳动力的使用过程中，占有劳动力使用权的资本家，占有了活劳动创造的所有产品，由于劳动力的使用价值能创造出高于劳动力本身的价值，剩余价值和利润的来源被揭示，资本增殖的秘密被马克思揭露出来。马克思指出，非生产资料所有者的工人，也不可能是他自己劳动的产品的所有者，不可能是他在生产过程中所创造的价值的所有者。劳动力这种特殊的商品所创造的价值大于它自身的价值即劳动力的价值，因而资本家就获得一个剩余价值，这个剩余价值的大小等于活劳动所创造的价值和劳动力价值之间的差额。

---

① 《马克思恩格斯全集》第46卷，人民出版社1979年版，第231页。
② 《马克思恩格斯全集》第46卷，人民出版社1979年版，第222页。

斯密、李嘉图及其学派无法解释利润的来源，因为他们没法使劳动和资本之间的交换，即较多的活劳动和较少的物化劳动的交换同价值规律一致起来。表面的平等交换掩盖了实际的不平等，工人由于不拥有生产资料，失去了其本身活劳动所生产的价值的所有权，工人创造的属于资本家的价值的一部分，被用来以工资的形式归还给工人，作为劳动力的报酬，而活劳动创造的超过劳动力价值的部分价值被资本家无偿占有，这一部分马克思称为剩余价值。马克思指出空想社会主义者对分配不合理的批判是不够的，因为他们只看到了产品在工人和资本家之间量的分配的关系，而根源在于分析决定分配过程的生产过程的关系，因此不能提出有力的解决分配不合理的建议。剩余价值的本质在于无偿占有的剥削性质，资本家为了增加剩余价值，一方面延长工作时间来增加绝对剩余价值，一方面缩短必要的劳动时间来增加相对剩余价值。马克思在揭示了剩余价值的本质后，继续分析了在资产阶级社会中它的转化形式：利润、利息和地租。

马克思进行了详细的不变资本和可变资本概念的区分，表明利润在生产过程中不是由全部资本，而只是由为劳动力所支付的那部分资本创造的;不变资本的价值在生产过程中并不增长,而仅仅是被转移到产品上,构建了新的利润理论。资产阶级古典政治经济学把剩余价值的一般形式和它的特殊形式——利润、利息和地租——相混淆,而充分阐释剩余价值的一般形式及其表现,是马克思经济学说的最重要的组成部分,马克思在给恩格斯的信中指出他"推翻了迄今存在的全部利润学说"[1]。

在马克思的理论中,剩余价值表现为资本主义生产关系的必然结果;剩余价值的生产和占有是这种关系的本质,是资本家的主要目的,它决定着资产阶级社会的其他范畴和其他关系,它是资本主义生产方式的运动规律的基础,并不可避免地决定着资本主义生产方式的日趋没落并被共产主义所取代。

在证明了利润的来源是被资本家无偿占有的剩余价值,资本家阶级的总利润不可能超过剩余价值的总额后,马克思发现由于部门间的竞争,个别利润率从一个生产部门到另一个生产部门必然发生变化,使所有部门的利润率等同,从而形成一般利润

---

[1] 《马克思恩格斯全集》第29卷,人民出版社1972年版,第250页。

率,使同等资本获得同等利润。这一状况也导致商品出售的价格与它们的价值不一致,在一些部门商品出售价格高于它们的价值,而另一些部门商品出售价格低于它们的价值。在《大纲》中这个事实还只是做了大体上的阐述。平均利润和生产价格的问题在之后的1861—1863年的《手稿》中做了详细的叙述。

基于马克思科学研究需要逻辑性和历史性辩证联系的观点,他强调:"我们的方法表明必然包含着历史考察之点,也就是说,表明仅仅作为生产过程的历史形式的资产阶级经济,包含着超越自己的、对早先的历史生产方式加以说明之点。……另一方面,这种正确的考察同样会得出预示着生产关系的现代形式被扬弃之点,从而预示着未来的先兆,变易的运动。一方面,如果说资产阶级前的阶段表现为仅仅是历史的,即已经被扬弃的前提,那么,现代的生产条件就表现为正在扬弃自身,从而正在为新社会制度创造历史前提的生产条件。"[①]

因此,马克思在"资本"章中从历史上论述了

---

① 《马克思恩格斯全集》第46卷,人民出版社1979年版,第458页。

资本主义生产以前的各种形式，研究了所有制的发展过程，即从原始公社制度直到资本主义占有形式的出现，强调指出生产力在社会发展过程中的决定作用，因为生产力决定着一种社会形态向下一种社会形态的变化。马克思指出，原始社会的氏族亲属关系和公社原则占主导地位，没有阶级存在，集体精神和最初阶段的"共同体"是原始人整个生活方式的主要特点。在进一步阐明资本主义以前的时期奴隶劳动的特殊性、农奴劳动的特殊性，以及它们同雇佣劳动的区别后，马克思重点分析了农业公社的发展问题，对公社的历史和类型进行了描述，分析了公社作为最古代的社会制度的普遍性，以及其对社会政治结构的影响，公社衰落和解体的原因，并强调以各种不同形式保留在资本主义以前的任何阶段的公社的解体，是产生资本主义生产方式的条件之一。马克思指出，资本主义的根源不仅要从城市工业的发展中去寻找，而且要从农业的资本主义转变过程中去寻找，这个过程在一些国家（英国、荷兰）正是在资本主义时代的萌芽时期开始的。[1]

---

[1] 黄晓武主编：《马克思主义研究资料》第5卷（《1857—1858年经济学手稿》研究），中央编译出版社2013年版，第16页。

马克思对资本主义以前各所有制形式的发展过程的分析，使他看到了资本主义的历史阶段性，看到了资本主义生产方式的先决条件，即所有权各种不同形式的变化过程。进而分析了资本主义制度中资本的原始积累，指出资本原始积累的实质在于在摆脱了传统的、封建的和行会的障碍的情况下，一方面形成了被剥夺生产资料的雇佣工人阶级，另一方面生产资料转化为资本。马克思特别强调了原始积累时期作为历史发展的特殊的过渡时期，认为"正是这种使大众作为自由工人来同劳动的客观条件相对立的过程，也使这些条件作为资本同自由工人对立起来"①。

马克思详细分析了资本主义社会的历史时期问题，在资本主义的发展中区分出工场手工业阶段和机器阶段。马克思认为工场手工业还不能使资本主义关系普遍扩大和创造取代资本主义以前的社会形式的物质基础；只有大规模的机器大生产才是最终确立资本主义制度的物质基础，它才是与资本的完全统治相一致的，同时为推翻资本主义制度产生新

---

① 《马克思恩格斯全集》第46卷，人民出版社1979年版，第506页。

的制度创造物质基础。

在分析了资本主义的起源、产生和发展的规律后,马克思揭示了资本主义的历史地位,论证了资本主义的必然没落和资本主义所特有的那种劳动和所有权相分离的必然扬弃。马克思认为资本主义的剥削是资本主义生产关系的本质,因此解放工人阶级,使他们不受剥削,在资本主义制度下是不可能的。"为了使劳动重新把劳动的客观条件当作自己的财产,就必须有另一种制度来取代私人交换制度。"① 马克思对于将要取代资本主义的新的社会制度共产主义社会的特征的分析,说明:"建立在个人全面发展和他们共同的社会生产能力成为他们的社会财富这一基础上的自由个性。"②

马克思对未来共产主义社会的劳动性质进行了论述,在集体生产条件下,个人的劳动从一开始就是社会的劳动,不是交换使劳动具有一般的性质,而是生产资料的公有制和生产的集体性使劳动产品从一开始就成为一种公共的、一般的产品。每个工人将来关心保证生产的最方便、最合理和最有

---

① 《马克思恩格斯全集》第46卷,人民出版社1979年版,第514页。
② 《马克思恩格斯全集》第46卷,人民出版社1979年版,第104页。

系统的组织，因此共产主义社会中时间节约的规律是："正像单个人的情况一样，社会发展、社会享用和社会活动的全面性，都取决于时间的节省。一切节约归根到底都是时间的节约。正像单个人必须正确地分配自己的时间，才能以适当的比例获得知识或满足对他的活动所提出的各种要求，社会必须合理地分配自己的时间，才能实现符合社会全部需要的生产。因此，时间的节约，以及劳动时间在不同的生产部门之间有计划的分配，在共同生产的基础上仍然是首要的经济规律。"① 任何真正的节约都表现为劳动时间的节省，劳动时间的节省意味着自由时间，也就是使劳动者得到充分全面的发展所需要的时间的扩大，自由时间——作为闲暇时间，作为从事较高级的活动的时间——使社会的每一个成员得以充分发挥他的脑力和体力。不同于空想社会主义者共产主义条件下劳动的观点，马克思认为共产主义社会中的劳动是生活的第一需要，是生产者的个人利益和社会利益之间的和谐的平衡。②

---

① 《马克思恩格斯全集》第 46 卷，人民出版社 1979 年版，第 120 页。
② 黄晓武主编：《马克思主义研究资料》第 5 卷（《1857—1858 年经济学手稿》研究），中央编译出版社 2013 年版，第 18 页。

三、研究范式

如前所述,《手稿》最先问世的部分是《导言》,《导言》中带有明显的总结性质的论述,让人们有足够理由认定这是一部马克思带有成熟思想内容的经济学研究成果,而其主体部分的内容贯穿了《资本论》的主要议题,不仅如此,还提出了总体的经济学著作设想中的篇章结构,所以较早接触到《手稿》文本的德国学者及后来的苏联学者把它作为《资本论》的"第一手稿"来研究,影响了国内很多学者。《手稿》传至美国和日本之后,较为著名的学者开始把它当作一部独立的著作展开研究,视角也逐渐多样起来。因此这里把对《手稿》的解读范式分为"第一手稿"解读范式与独立著作的解读范式。

(一)"第一手稿"解读范式

《手稿》在世界各地刚问世的阶段,其主要的定位是《资本论》的第一部较为成熟的手稿,或称为"第一手稿"。

联邦德国的学者罗斯多尔斯基在1968年出版了《马克思〈资本论〉的形成》,探讨了《大纲》与《资本论》之间的关系,认为二者之间有很强的连续性,倾向于从《资本论》角度来解读《大纲》。

费多谢耶夫认为,从《手稿》是"成熟的马克思在理论方面最丰富的文献之一"[①],强调了其中《导言》的重要性,在于完整地表述了马克思对政治经济学这门科学的对象和方法的观点。从《手稿》整体的论述问题的范围以及分析水平来看,"这部手稿确实可以认为是《资本论》的第一个手稿、第一部著作,是马克思以后紧张地创作了二十多年的那部巨著的实验形式"[②]。

更多的国内学者认为《手稿》是马克思创作《资本论》的重要组成部分,可以视为《资本论》的"第一手稿"。

黄楠森先生认为,"巴黎—布鲁塞尔—伦敦"是马克思经济学批判的三个时期,前两个时期分别是史前期与孕育期,而伦敦则直接是《资本论》的创

---

① [俄]彼·费多谢耶夫:《卡尔·马克思》,生活·读书·新知三联书店1982年版,第391页。
② [俄]彼·费多谢耶夫:《卡尔·马克思》,生活·读书·新知三联书店1982年版,第400页。

作期。伦敦时期已经在理论上取得重大突破，唯物史观不再是外在于经济学批判、仅仅提供哲学意义上的前提，而是转化为经济学研究的内在方法。在这一时期内，《手稿》则如实反映了马克思经济学的研究过程。马克思进一步确认了古典学派由配第和布阿吉尔贝尔开始、以李嘉图和西斯蒙第结束的起止期，第一次明确了政治经济学的研究对象是社会生产，同时指出了从抽象上升到具体的方法是政治经济学的唯一科学方法，并强调了生产关系必须在社会生活总过程中加以研究的思想。

同时，黄楠森先生还指出了《手稿》体现的哲学和科学的二重性质。在研究对象和研究领域中，他既深入经济事实，又不断地与前资本主义社会和未来共产主义形态进行反复比较，在研究方法和观点上，他既从一般的历史观点和逻辑出发，去批判分析经验材料，又从经济事实出发，辩证地综合为理性范畴和理论体系。[1]

学者张一兵也看到了这种二重性质，并指出这种二重性不再是二元分离的，而是一体的，"马克

---

[1] 黄楠森、庄福龄、林利主编：《马克思主义哲学史》第2卷，北京出版社1991年版，第122—126页。

思在这里的经济学发现同时也是他历史唯物主义建构最重要也是最终的理论逻辑完成。这主要表现为马克思对狭义历史唯物主义和历史认识论——历史批判理论的建构"①。因此,《手稿》是马克思思想发展继1844年、1845年之后的第三个理论制高点。②

(二)独立著作解读范式

另有学者视《手稿》为一部完整的著作,认为其甚至在某些方面超过了《资本论》,如马塞罗·墨斯托在他主编的英文版《大纲》节选本中认为,不应仅仅把《大纲》看作《资本论》的一个草稿,并指出《大纲》是马克思相对意义上最完整的一部著作。③

麦克莱伦认为《手稿》是马克思成熟理论的第一次阐述,几乎包含了马克思经济学理论的所有要

---

① 张一兵:《历史唯物主义、历史认识论与历史批判理论——马克思〈1857—1858年经济学手稿〉的哲学定位》,载《哲学研究》1999年第10期。
② 张一兵:《回到马克思:经济学语境中的哲学话语》,江苏人民出版社2013年版。
③ [意]马塞罗·默斯托主编:《马克思的〈大纲〉:〈政治经济学批判大纲〉150年》,闫月梅等译,中国人民大学出版社2016年版,第231页。

素，而且这些要素后来在《资本论》中得到了更为详细的论述。与1844年马克思初次涉足经济学领域相比，《手稿》没有再像之前那样分析市场交换的机制，而是从生产开始分析，并且区分了劳动力和劳动，导致了剩余价值学说的产生。除此之外，麦克莱伦更注意《手稿》与1844年手稿之间的思想继承关系，认为二者在思想、风格上都有一致性。异化、物化、占有、人与自然的辩证关系以及人的一般性质等概念都再次在《手稿》中出现。"资本"章开头几节的有关人的需要、人类作为类存在等，几乎逐字逐句再现了1844年手稿的段落，而他们都是"黑格尔式"的，尤其在马克思草拟的经济学计划可能直接来自黑格尔的语言表达。马克思自己也曾表示黑格尔的《逻辑学》在材料加工上对自己帮助很大。①

与此相类似，日本学者也倾向于研究《手稿》作为一部独立著作的价值。至20世纪60年代中期，以平田清明、内田弘、山田锐夫为代表的学者提出了"中期马克思"论，把《手稿》看作由早期

---

① [英]戴维·麦克莱伦:《马克思传》，王珍译，中国人民大学出版社2006年版，第305—314页。

马克思向晚期马克思过渡的中间阶段,且研究视角多样化,如平田清明的"第二循环的结束""个体所有制"问题,望月清司的"历史理论",内田弘的"自由时间理论",等等。

国内学者顾海良更进一步认为,不能把《手稿》看成《资本论》的"第一手稿"。因为无论是《1857—1858年经济学手稿》还是《1861—1863年经济学手稿》,都不是按照《资本论》的结构来写的。《手稿》是对马克思整体思想的整理,不仅是经济学思想,有很多思想在《手稿》中留存而没有写入之后的著作中。《手稿》可视为继《共产党宣言》之后马克思的重要思想路标,也是《资本论》发展的思想驿站。

《手稿》"对政治经济学研究对象、研究方法以及政治经济学理论体系的结构做了详尽的论述,对劳动价值理论、货币理论、剩余价值论和资本主义经济发展趋势问题做了科学论述。这些论述标志着马克思主义政治经济学理论的基本形成"[①]。

[①] 顾海良主编:《马克思主义发展史》,中国人民大学出版社2009年版,第88页。

四、焦点问题

(一)《导言》中的方法问题

在《导言》中第三部分,马克思专门论述了"政治经济学的方法"问题。其中区分了两种道路:一种是从一个现实整体中,抽象出一般的关系;另一种是个别的概念确定下来之后,就开始建立各种对应着社会发展的理论体系。马克思认为后者就是从抽象上升到具体的方法,"是思维用来掌握具体、把它当作一个精神上的具体再现出来的方式",这种在思维之中被再现出来的具体,就是"许多规定的综合",是"多样性的统一","在第一条道路上,完整的表象蒸发为抽象的规定;在第二条道路上,抽象的规定在思维行程中导致具体的再现"①。因此学界用"从抽象上升到具体"的方法来指称马克思在政治经济学的批判研究过程中所提出并使用的这一方法。

在《资本论》第1卷第二版的跋中,马克思提到了他的叙述方法与研究方法,"当然,在形式上,叙述方法必须与研究方法不同。研究必须充分地占

---

① 《马克思恩格斯全集》第30卷,人民出版社1995年版,第42页。

有材料，分析它的各种发展形式，探寻这些形式的内在联系。只有这项工作完成以后，现实的运动才能适当地叙述出来。这点一旦做到，材料的生命一旦观念地反映出来，呈现在我们面前的就好像是一个先验的结构了"①，《手稿》被视为《资本论》的草稿，其中对未来的经济学巨著进行了结构性的规划，既为《资本论》的草稿，也是其研究过程，因此这一叙述方法和研究方法也是研究《手稿》的参照之一。

早期的讨论涉及叙述方法与研究方法，以及《手稿》所逐渐形成的《资本论》逻辑问题。

学者W.维戈茨基认为《手稿》的研究过程与叙述过程是紧密交织的，在经济学理论结构的演进过程中，即表现为《手稿》的探索过程中，每一个阶段都表现为二者的相互作用的结果，每一演进表示叙述方法的演进，而叙述方法的演进又是研究方法所达到的结论。首先，在《导言》中，"一般的抽象规定"不再只是"劳动、分工、需要、交换价值"或者"产品一般""劳动一般"，而是已经具有"交

---

① 《马克思恩格斯全集》第23卷，人民出版社1972年版，第23页。

换价值、货币、价格"作为自身特征的商品，这一起点是马克思在研究过程中，从具体进入抽象，从货币进入交换价值的过程中取得的成果。其次，马克思在计划中认为有必要从商品的抽象规定过渡到对生产内在结构的分析，即生产关系分析，进一步地，又用"生产的内部结构"代替了"资产阶级社会内部结构"，可以看到马克思不断具体化到生产关系内部的思维过程，证实了研究和叙述之间的相互关系。最后作为对资本主义经济所进行的研究的必然结果，马克思得出了危机的不可避免性，以及未来社会形态的前提性的分析，因此这部分被马克思在《资本论》中作为一般性理论组成部分。[①]

之后的学者注意到研究方法和叙述方法的分析还不足以揭示马克思整个理论体系的建构方法论，其重点转移到"从抽象上升到具体"这一方法的内涵以及与以上二者的关系研究中。

学者W.雅恩与D.诺斯克认为马克思的抽象方法就是"从抽象到具体"，这一方法涵盖了马克思

---

① [苏]W.维戈茨基:《〈政治经济学批判大纲〉中研究方法和叙述方法的交织》，载《马克思主义研究资料》第5卷(《1857—1858年经济学手稿》研究)，中央编译出版社2013年版，第157—170页。

的研究以及叙述的总过程，而"从具体到抽象"的方法只具有从属的意义，即一旦得出抽象的概念之后，要做的工作就是从这种抽象出发，排除逻辑中的矛盾并经过社会现实的复杂性检验来发展这一概念体系，借助于从抽象上升到具体的方法建立一个不断被丰富和展开着的逻辑体系。[①] 学者 G. 法比翁克批驳了这种观点。他认为这种观点无异于重新回到一种唯心主义的立场上去，之后的研究者都不必再回到社会现实中，而是以之前的理论体系为起点就可以了。其《从具体上升到抽象和从抽象上升到具体是唯物辩证法的不可分割的统一过程》一文引证列宁的观点，说明思维必然从经验开始，再上升到一般，认识的过程就是从"生动的直观"到抽象的思维再到实践的过程。这表明唯物主义的认识论是从经验开始的，而不是从抽象。马克思在《导言》中所举的关于"人口"这一概念的例子就可以说明，当把具体的现实规定忽略掉的时候，这一概

[①] ［德］W. 雅恩等:《卡尔·马克思的 1850—1853 年伦敦笔记中的研究方法的发展问题》，载《马克思恩格斯研究文集》1979 年版第 7 辑。转引自《从具体上升到抽象和从抽象上升到具体是唯物辩证法的不可分割的统一过程》，载《〈1857—1858 年经济学手稿〉研究》，中央编译出版社 2013 年版，第 181 页。

念并无助于研究的推进。因此,仅仅把"从抽象到具体"这一方面说成是马克思主义政治经济学的研究方法是不科学的,没有理解"从抽象到具体"与"从具体到抽象"是紧密统一于唯物辩证法的。固然在研究过程中,存在着从具体到抽象的过程占优势的现象。同样,在叙述过程中,存在着从抽象到具体的过程占优势的现象,但不能把这一联系绝对化,从根本上来说,马克思的政治经济学理论的形成中二者相互交织、共同作用。①

可以看到,从唯物辩证法的视角来看"从抽象上升到具体"与"从具体上升到抽象"并不是完全割裂的对立的内容。首先,马克思在谈到"两条道路"的划分时,指出这也曾是过去的经济学家所走过的道路,而他们在经过了从具体上升到抽象的过程之后,也要再次回到面对现实社会经济运动的生动整体的理论重建工作中。可见,马克思并不是在否定第一种道路的意义上肯定第二种道路。其次,对研究方法与写作方法的划分是为了区分思维中把

---

① [德]G.法比翁克:《从具体上升到抽象和从抽象上升到具体是唯物辩证法的不可分割的统一过程》,载《〈1857—1858年经济学手稿〉研究》,中央编译出版社2013年版,第177—187页。

握的主体与主体本身,这也是马克思与黑格尔方法相区别的必然结果。最后,应当从思维把握现实的方法论革命的层面把握马克思的这一方法,而不是局限于成文方法和写作方法的形式化的讨论。更多学者回归对这一方法内涵的文本解读中。

马塞罗·默斯托分析了马克思对自己建构新的理论体系的方法的探索过程。马克思要求的抽象需要有一种实证的功能,他需要在思维中重现现实,首先是要确立一个起点。古典经济学家的抽象方法剥离了许多现实的规定,虽然从其体系上来说,一定程度上重现着经济社会的运行,但马克思最终是不满意的。他继续追问简单范畴与具体范畴在历史上的存在关系,当他开始考察劳动范畴的时候,他发现不同时代的人从事劳动是大为相异的,而简单范畴的充分发展恰恰是在一个复杂的社会形式之下。因此,就抽象本身来说也是历史的产物。在面对抽象范畴与历史发展过程时,马克思摒弃了自己在《哲学的贫困》中所倾向的一种严格的历史顺序,而是以精确的逻辑次序安排范畴同阐明现实的历史之间的不相吻合之处。这样,在抽象上升到综合的过程中,马克思的方法与其他方法分道扬镳了：早期经济学家的经验主义是把具体要素消解为抽象规定，古典经济学家是把思维过程归结为现实本身，哲学的唯心主义是给予思维以产生具体的能动性，认知学把思维与现实截然对立，历史主义则把逻辑消解为无批判的历史，以及马克思自己在《哲学的贫困》中对历史顺序的严格追求。①

学者伊丽娜·安东诺娃指出马克思对古典政治经济学的成果进行了重新的历史性的考察，从研究对象到体系性的编排，这之中是对以从抽象上升到具体为基础的从具体上升为抽象的方法的运用。其在《1857—1858年手稿〈大纲〉的研究方法和结构》一文中，认为在《导言》中，马克思仍然以"生产一般"为叙述开始，还没有与政治经济学传统决裂，但是当他提出要用新的具体历史的方法去分析物质生产的时候，又可以看成在很大程度上导致了对经济学说传统的背叛的开始。②

---

① ［意］马塞罗·默斯托：《1857年的历史、生产的总体性和科学方法——〈导言〉》，载《马克思的〈大纲〉：〈政治经济学批判大纲〉150年》，闫月梅等译，中国人民大学出版社2016年版，第40—56页。
② ［苏］伊丽娜·安东诺娃：《1857—1858年手稿〈大纲〉的研究方法和结构》，载《〈1057—1858年经济学手稿〉研究》，中央编译出版社2013年版，第171—176页。

对于这种马克思与古典经济学传统的"背叛"或者说是超越的关系，国内学者张一兵进行了考察，重点考察了马克思的科学的抽象的方法问题。他认为历史唯物主义就是一种对社会存在于社会关系的抽象。在广义唯物主义阶段（1848年以前），马克思直接从资产阶级经济学那里继承了对生产力、生产关系、社会结构等抽象的范畴，研究了一般意义上的社会存在于社会关系，马克思所说的社会存在不仅是物体，而主要是感性活动，即活动中的人与人的关系以及功能性的属性。直到《手稿》中，开启了马克思的狭义的历史唯物主义的创立。从哲学史的发展来看，抽象就是从经验现象的"多"到理性概念的"一"的过程，而到了资本主义社会，社会存在直接呈现出了客观的"抽象"。在《手稿》中，马克思指出资本主义生产方式，不断实现着从"多"向"一"的转化：标准化和齐一化的生产一般，无差别的劳动一般，市场交换中的价值和交换所代表的等价物和同一性，资本称为当代社会存在中"普照的光"。这种在资本主义社会现实发生的客观抽象，是古典经济学的科学抽象的基础，也是马克思广义唯物主义阶段哲学抽象的基础。此时马克思立足于资本主义大工业化下的"个体",开始超越古典政治经济学的抽象性。哲学指认的那种单质的人在现实生活中是不存在的,人、自然对象、劳动活动全面地被经济关系和政治关系中介着。在《手稿》中,马克思还指出抽象劳动的历史形成,只是资本主义发达商品生产中的形式上的客观特征,只能得之于人类历史的实践本身所产生的客观的抽象。比如价值实体,它直观为具有使用价值的物,而在其社会现实性上,它必须表现为交换价值,表现为货币的独立形式,而这代表的是一种物化关系,而不是实体物,只有通过科学抽象才能把握。因此,马克思又反对一切非历史的抽象性的,他不是黑格尔的观念的"一"、费尔巴哈人类本质的"一"、古典政治经济学价值的"一",而是这些"一"的历史形成与发展以及被真正的历史所否定。[1]

学者顾海良指出了马克思对"从抽象上升到具体"这一方法五个方面的阐释:第一,抽象到具体的"上升",并不是一个产生过程。这是相对于黑

---

[1] 张一兵:《历史唯物主义、历史认识论与历史批判理论——马克思〈1857—1858年经济学手稿〉的哲学定位》,载《哲学研究》1999年第10期。

格尔的客观唯心主义来说的，概念并不是理念使之达到的真实存在，它只是社会存在的理论表现。如交换价值，以社会经济形式中进行生产的人口为前提，也是以某种家庭、公社或国家为前提。第二，抽象思维源于具体现实，但是抽象思维中再现的具体不是来自简单复制，而是思维中的"具体总体"，不是把经济范畴作为现实行为或过程的"同义反复"。第三，思想整体在把握实在主体的同时，实在主体自身拥有其独立性，依然在思维之外保持独立，这是不同于艺术精神、宗教精神与实践精神的把握世界的方式的。第四，从最简单范畴上升到较为复杂范畴的思维过程，是符合历史过程的，尽管有的范畴，如货币，存在历史演进中的跳跃性。第五，在"从抽象上升到具体"的方法中，经济范畴、经济过程和经济关系的丰富性之中包含了更显著的历史性和社会性的特征。简单范畴向具体范畴的上升过程，不仅再现了经济关系的历史发展，同时也是经济范畴内在规定性的深化过程。①

---

① 顾海良：《马克思政治经济学方法和结构的科学探索及当代意义——马克思〈政治经济学批判〉导言〉读解》(下)，载《马克思主义理论学科研究》2016年第1期。

可以看到，马克思这一"从抽象上升到具体"的方法，直接把马克思与古典政治经济学相区别开，是马克思突破古典政治学家意识形态的主要方法论原则。同时，也使得马克思在理论建构的过程中不断地深入，不仅重新确立了其全部理论的起点（从"生产一般"到"商品"），而且对未来计划的经济学著作做了结构性调整。另外，学界对于为什么在这一时期马克思能够如此明确地提出这一科学方法研究并不多。学界一般认为，此前马克思有三个经济学研究时期：第一是巴黎时期（1843年2月至1845年2月），这是经济学批判的前科学时期，在方法论层面还带有人本主义色彩；第二是布鲁塞尔时期（1845年2月至1848年3月），开始了科学批判时期，但是仍带有过渡性质；第三是伦敦时期（1850年至1881年），这是成熟的科学批判时期。但是对于《伦敦笔记》与《导言》及《手稿》之间的方法论联系研究较少。有的学者认为这一时期，历史唯物主义的方法与经济学的研究第一次"合二为一"，如果说，马克思的历史唯物主义成熟于1845年，那么在其后，马克思开始重新进入《资本论》创作之前所参与的政治斗争活动与同期的理论探索，对马克思从历史唯物主义的再次思考中如何迅速地推进其对经济学的方法论的清晰认识这一思想联系也有待研究。

（二）关于《序言》中的"经典表述"的讨论

《导言》中被系统论述的方法问题的研究影响着对马克思整部经济学著作诸概念的理解层次，是理解马克思经济学体系的开端，而紧接着《手稿》的完成，1859年1月马克思写作了《政治经济学批判》第一分册，在其《序言》中，马克思回顾了自己的思想历程，并总结了被认为是对历史唯物主义的"经典表述"，这一表述则不仅贯穿了马克思的研究方法，同时清晰地表达了马克思所得到的结论，对"经典表述"的不同理解直接涉及对马克思所创立的历史唯物主义理论的不同解读。

现对这段"经典表述"引述如下："我所得到的并且一经得到就用于指导我研究的总的结果，可以简要地表述如下：人们在自己生活的社会生产中发生一定的、必然的、不以他们意志为转移的关系，即同他们的物质生产力的一定发展阶段相适合的生产关系。这些生产关系的总和构成社会的经济结构，即有法律的和政治的上层建筑竖立其上并有一定的社会意识形式与之相适应的现实基础。物质生活的生产方式制约着整个社会生活、政治生活和精神生活过程。不是人们的意识决定人们的存在,相反,是人们的社会存在决定人们的意识。社会的物质生产力发展到一定阶段,便同它们一直在其中运动的现存生产关系或财产关系(这只是生产关系的法律用语)发生矛盾。于是这些关系便由生产力的发展形式变成生产力的桎梏。那时社会革命的时代就到来了。随着经济基础的变更,全部庞大的上层建筑也或慢或快地发生变革。"以及"大体说来,亚细亚的、古代的、封建的和现代资产阶级的生产方式可以看作经济的社会形态演进的几个时代"[①]。

这被学者们广泛引用,也是教科书体系对历史唯物主义基本原理概括的出处之一。由于其与《手稿》基本同时完成,又具有总结性质,因此在理论上多有互释关系。

早期学者大多认为这是对马克思历史唯物主义的全面概括,有着标志性的意义。如巴加图利亚认为这段表述概述了社会发展的结构规律以及社会形

---

① 《马克思恩格斯全集》第31卷,人民出版社1998年版,第412—413页。

态分期理论，构成了历史唯物主义的体系。①

我国学界早期基本认可这一观点，同时也提到其方法论意义，如黄楠森先生的《马克思主义哲学史》中，提到《序言》对唯物史观的基本观点做了概要表述："不仅是对唯物史观在经济学研究中的方法论功能的高度评价，而且是对经济学研究过程中哲学和科学相互关系的总结。"②

随后，唯物史观的这一"经典表述"逐渐影响到具体科学的研究，最先引起的是历史学界的关注，有学者认为这是一种僵化的教条，无法适应新时期的具体学科研究，③引起学界对唯物史观的再阐释，实际上是警惕了这种对唯物史观的误读。学者王锐生拟文做出了回应，文章首先对所谓"新马克思主义的历史观"之"新"做出论证，指出这些根本特征恰恰就是马克思的唯物史观的本质特征：第一，唯物史观以其"唯物辩证"性在社会历史领域

---

① ［苏］Г.А.巴加图利亚：《马克思的第一个伟大发现——唯物史观的形成和发展》，陆忍译，中国人民大学出版社1981年版。
② 黄楠森、庄福龄、林利主编：《马克思主义哲学史》第2卷，北京出版社1991年版，第127页。
③ 蒋大椿：《当代中国史学思潮与马克思主义历史观的发展》，载《历史研究》2001年第4期。

第一次超越了机械的、直观的旧唯物主义；第二，只有真正的唯物史观才是以实践为基础，指认了实践就是人的存在方式，人的社会本性也只有在社会实践中才能形成；第三，唯物史观也没有排斥系统论的思想，历来把社会看作系统性的有机体。他还分析了对唯物史观的种种误读的原因，在于没有看到学界对马克思主义的发展，祛除由苏联教科书体系传入的缺陷性上的努力，而直接把旧的教条式的思想当作当代的马克思主义的缺陷加以批驳。他还重申了对唯物史观应当坚持的基本原理：社会存在决定社会意识，生产力决定生产关系，经济基础决定上层建筑。不应当把历史规律与人的实践活动看作相互对立的，这也是造成误读的原因之一。[1]

随着学界对历史唯物主义理论的研究不断深入，这段"经典表述"再次引起了讨论。学者从两个方面对"经典表述"的理解做了新的阐释。一种是方法论的理解路向，另一种是强调其针对对象的特殊性。

学者杨学功对学界把"经典表述"视为历史唯物主义"基本原理"提出了质疑，用马克思自己的

---

[1] 王锐生：《唯物史观：发展还是超越？》，载《哲学研究》2002年第1期。

话来说这是"我所得到的,并且一经得到就用于指导我的研究工作的总的结果",这句话的中译文把德文的名词Leitfaden"指导线索"译为动词"指导"。作者引证卡弗的观点,认为作为"指导线索"类似研究假设,而不是能够反映或者解释社会实践的规律,作为假设,它不可以直接验证,也不是解释性的。另外,从唯物史观根本性质来看,马克思、恩格斯曾多次做过说明,反对把对于他们研究结果的概括作为公式。如在《德意志意识形态》中写道:"这些抽象本身离开了现实的历史就没有任何价值。它们只能对整理历史资料提供某些方便,指出历史资料的各个层次的顺序。但是这些抽象与哲学不同,它们决不提供可以适用于各个历史时代的药方和公式。"① 恩格斯晚年关于历史唯物主义的书信中,针对对唯物史观的误解,多次重申唯物史观的方法论特质。因此,唯物史观应当作为研究历史的指南来理解,而不是一种超越历史的一般历史哲学理论。②

学者郭艳君认为"经典表述"的适用范围仅限于

---

① 《马克思恩格斯选集》第1卷,人民出版社1995年版,第74页。
② 杨学功:《如何理解唯物史观的"经典表述"》,载《理论视野》2010年第4期。

资本主义社会,而不能把它普遍化用于解释整个人类社会,这就造成了封闭的体系,是对马克思的误读。首先,马克思在"经典表述"中所说的"研究对象"是指资本主义历史,而不是整个人类的历史,马克思对资本主义历史的批判是通过研究政治经济学实现的。马克思自述在遭遇物质利益问题之后,在《黑格尔法哲学批判》中指出国家与法的问题答案应当到"市民社会"中去寻找,因此,研究资本主义政治学的目的是剖析资本主义社会,研究对象是资本主义社会这特定的历史时期。其次,马克思所说的"总的结果"并不是马克思的一般历史哲学,而是通过对资本主义政治经济学的批判得出的资本主义发展的规律,其对象并不是人类的历史,而是资本主义的历史。因此,"经典表述"并不是马克思对其历史理论的简要概括,而是批判分析资本主义的结果。①

这种新的解读实际上从不同侧面强调了马克思的历史唯物主义随着社会发展的不同的功能性,并不妨碍其对基本原理与概念论述的经典性。

学者田心铭认为,《序言》对历史唯物主义基本

---

① 郭艳君:《"经典表述"的再阐释——重读马克思的〈政治经济学批判〉序言、导言》,载《哲学研究》2005年第11期。

原理做了简明而完整的概括。在这段"经典表述"中，首先阐明了社会存在决定社会意识的原理，第一，明确提出了"生产关系"概念：在人们社会生产中发生的具有客观性的关系，并与物质生产力的一定发展阶段相适应。进而，阐明了经济基础和上层建筑这一对范畴，经济基础即社会经济结构，由生产关系总和构成，之所以称之为"基础"，是因为其是上层建筑的现实基础；上层建筑则包括建立在一定的经济基础之上的法律的和政治的制度、设施以及与之相适应的社会意识形式。这两对范畴的阐明，使科学地认识社会历史的发展规律成为可能。第二，指出物质的生产方式制约整个社会生活，确定了社会历史的最终决定因素。第三，明确指出了社会存在决定社会意识，从根本上划清了历史唯物主义和历史唯心主义的界限，实现了整个世界观史上的变革。同时，在生产力与生产关系、经济基础与上层建筑的矛盾运动中得出了革命的结论。首先，指明了生产力的发展必然同生产关系发生矛盾，当生产关系变成生产力的桎梏时，社会革命的时代就会到来，上层建筑必然随着经济基础的变革而发生或快或慢的变革。其次，指出了考察社会革命的方法，区分经济条件方面的物质变革与意识形态的各种形式,而且把后者看成前者的反映、表现,马克思通过这种方法得出了"两个决不会"的结论。这表明,革命不是人为制造的,而是社会运动客观规律的表现,根源于生产力和生产关系、经济基础和上层建筑之间矛盾的必然性。再次,在"自然史"意义上指明了社会形态演进的历史进程,指出了资本主义的历史地位。①

但是也有学者对如此理解"经典表述"提出质疑。学者安启念指出,《序言》中被认为是唯物史观经典表述的部分事实上并不是唯物主义的,首要原因在于其逻辑上的缺失。这段话仅说明了生产力在社会生活中起决定作用,但是没有说明生产力自身的发展由何决定。而在这一点上,即使承认生产力的决定作用,但是对于生产力的发展也很可能做出唯心主义的解释,譬如认为工具的制造和改进是由人们的认识、意识、精神、科技理论和审美观念等因素决定的。因此,作为完整的历史唯物主义,还应当对生产力的发展做出唯物主义的说明,即人在实践活动中生成自己关于自然界的认识并努力运

---

① 田心铭:《历史唯物主义基本原理的经典表述——马克思〈政治经济学批判〉序言〉研读》,载《思想理论教育导刊》2011年第2期。

用这些认识改造新工具，更新实践活动。而《序言》中所谓的"经典表述"，由于其旨在说明马克思研究国家和法与市民社会之间的关系问题，因此这里只需要说明市民社会如何决定国家与法的关系即可，这只是马克思的社会历史理论而不是他的社会历史观。同时指出，最接近马克思对社会历史观的经典表述的应当在《德意志意识形态》①中。其

---

① "这种历史观就在于：从直接生活的物质生产出发阐述现实的生产过程，把同这种生产方式相联系的、它所产生的交往形式即各个不同阶段上的市民社会理解为整个历史的基础，从市民社会作为国家的活动描述市民社会，同时从市民社会出发阐明意识的所有各种不同理论的产物和形式，如宗教、哲学、道德等，而且追溯它们产生的过程。这样当然也能够完整地描述事物（因而也能够描述事物的这些不同方面之间的相互作用）。这种历史观和唯心主义历史观不同，它不是在每个时代中寻找某种范畴，而是始终站在现实历史的基础上，不是从观念出发来解释实践，而是从物质实践出发来解释观念的形成，由此还可得出下述结论：意识的一切形式和产物不是可以通过精神的批判来消灭的，不是可以通过把它们消融在'自我意识'中或化为'幽灵''怪影''怪想'等来消灭的，而只有通过实际地推翻这一切唯心主义谬论所产生的现实的社会关系，才能把它们消灭；历史的动力以及宗教、哲学和任何其他理论的动力是革命，而不是批判。这种观点表明：历史不是作为'产生于精神的精神'消融在'自我意识'中而告终的，而是历史的每一阶段都遇到一定的物质结果，一定的生产力总和，人对自然以及个人之间历史地形成的关系，都遇到前一代传给后一代的大量生产力、资金和环境，尽管一方面这些生产力、资金和环境为新的一代所改变，但另一方面，它们也预先规定新的一代本身的生活条件，使它得到一定的发展和具有特殊的性质。由此可见，这种观点表明：人创造环境，同样，环境也创造人。"引自：《马克思恩格斯选集》第1卷，人民出版社1995年版，第92页。转引自：安启念：《关于唯物史观"经典表述"的两个问题》，载《哲学研究》2008年第9期。

次,所谓的"经典表述"并没有把握住唯物史观的最主要内容:"人的发展历史。"人是环境的产物,这既包括社会环境也包括自然环境,自然界和人类社会都处在不断的历史发展之中,人的环境即自然界和人类社会都是人的实践活动的结果,实践是人类社会、自然界历史发展的最终决定因素。因此,马克思历史思想的主要特点在于,把整个世界历史视为人的诞生史,这一历史的基础则是人的劳动实践,表述了自然界、人类社会和人本身在相互作用中共同发展的规律。所以,应当从包含着自然界、人类社会和人自身的"大唯物史观"来理解马克思。①

可见,安启念教授强调的是实践基础上社会与自然界相统一的人的发展的历史观。从这个角度来说,"经典表述"缺乏在内涵上的"完整性"以及"彻底性",但也并没有否认其在社会历史领域中对唯物主义历史观的"精确性"的推进。学者对"经典表述"的讨论也更加注意概念的准确性,不再笼统地冠以"历史唯物主义""唯物史观"的概论,而

---

① 安启念:《关于唯物史观"经典表述"的两个问题》,载《哲学研究》2008年第9期。

多从具体概念或原理予以展开,如学者赵家祥指出,《序言》中的"经典表述"是对经济基础决定上层建筑的历史唯物主义基本原理最终形成和臻于完善的标志,是继《德意志意识形态》与《路易·波拿巴的雾月十八日》中对上层建筑概念的提出之后,马克思第一次精确完整地表述了这一原理。①

可以看到学界对"经典表述"的阐释,从注重原理与概念的基本内涵,到注重方法论意义以及现实批判意义,以及对马克思主义思想体系的内部争论的解答,都扩展了对历史唯物主义的研究视角,对具体学科与马克思主义指导思想之间的碰撞做出了积极回应。

(三)《手稿》与《资本论》

随着对《手稿》的深入研究,学者们更加翔实地梳理了马克思在《手稿》中对经济学理论的研究进程和成果,很多主题为其后写作的《资本论》做了理论准备,其中还提出对经济学总体著作的结构的规划与修改,从中也可以看到马克思经济学与哲学视角的发展变化。

---

① 赵家祥:《经济基础决定上层建筑原理的形成过程及系统论证》,载《北京行政学院学报》2011年第1期。

1.《手稿》对《资本论》的理论推进

《手稿》最初是作为《资本论》的手稿问世,如费多谢耶夫认为,从《手稿》是"成熟的马克思在理论方面最丰富的文献之一"①,强调了其中《导言》的重要性,在于完整地表述了马克思对政治经济学这门科学的对象和方法的观点。从《手稿》整体的论述问题的范围以及分析水平来看,"这部手稿确实可以认为是《资本论》的第一个手稿、第一部著作,是马克思以后紧张地创作了二十多年的那部巨著的实验形式"②。较早的联邦德国学者罗斯多尔斯基,将《大纲》与《资本论》进行了比较后认为,虽然《大纲》中拟定的写作方案并没有得到完全实现,但许多重要的主题都在《资本论》中得到展现。他从货币理论、资本的生产过程、资本流通过程、资本的利润与利息等方面,强调从《大纲》到《资本论》的连续性。③

---

① [苏]彼·费多谢耶夫:《卡尔·马克思》,生活·读书·新知三联书店1982年版,第391页。
② [苏]彼·费多谢耶夫:《卡尔·马克思》,生活·读书·新知三联书店1982年版,第400页。
③ [德]罗斯多尔斯基:《马克思〈资本论〉的形成》,魏埙等译,山东人民出版社2001年版。

国内学者对《手稿》到《资本论》的连续性的论证，分为哲学视角和经济学视角。

在哲学视角上，以学者王东、林锋为代表，认为《手稿》作为《资本论》的"第一手稿"，是马克思哲学思想发展史上的一座重要里程碑。不仅具有经济学创新意义，而且是马克思哲学创新的里程碑，这主要表现在五个方面：第一，新唯物主义实践观的新探索，即劳动二重性理论的系统制定，指出了劳动是特殊性和一般性的有机统一，是物质性和社会性的有机统一，是人与自然、人与人关系的有机统一。第二，异化劳动的新规定发展了异化观，指出了工人的劳动与劳动条件相异化、劳动过程中的智力因素与工人相异化、资本与劳动相异化。第三，现实的人的三大历史形态理论的首次提出。第四，社会形态发展理论的重大发展，对人类历史原生形态进行了新探索，对资本主义社会形态做了全面分析，探讨了未来社会经济特征。第五，系统阐明了自然、劳动、社会、人有机统一的总体性历史发展观。①

---

① 王东、林锋：《〈资本论〉第一手稿的五大哲学创新——〈1857—1858年手稿〉的重新定位》，载《江汉论坛》2007年第6期。

经济学的解读方面，学者顾海良认为《手稿》"对政治经济学研究对象、研究方法以及政治经济学理论体系的结构做了详尽的论述，对劳动价值理论、货币理论、剩余价值论和资本主义经济发展趋势问题做了科学论述。这些论述标志着马克思主义政治经济学理论的基本形成"[①]。

总体来说，从马克思的经济思想发展史视角来看，《手稿》实现了三个重大转折：第一，马克思从《导言》开始，由对经济学理论批判为主的研究，转向建构经济学体系的叙述，正如他自己对研究方法和叙述方法所做的区分那样，之前的工作是占有和研究资料，而《手稿》开始了批判中的体系建构。第二，提出了《政治经济学批判》"六册结构"，《手稿》也是按照六册结构写作的第一次尝试，按此结构，现《资本论》前三卷相当于"六册结构"第一册《资本》的第一篇"资本一般"。因此这一结构的确立为马克思主义经济学留下了恢宏的理论空间。第三，在重大理论（主要是劳动价值理论、剩余价值理论、资本主义经济发展趋势理

---

① 顾海良主编：《马克思主义发展史》，中国人民大学出版社2009年版，第88页。

论）上奠定了《资本论》的理论基础。①

具体来看，马克思在《手稿》中，第一次对劳动价值论、剩余价值论和资本主义经济运动趋势做了较系统的论述，

第一，"货币"章奠定了劳动价值论的理论基础，是"马克思在《资本论》第一卷中做了全面叙述的劳动价值论的第一份科学实验记录"②。"货币"章以批判达里蒙的蒲鲁东主义的货币政策为起点，反驳了达里蒙企图用流通工具或组织的改变来改善现存的生产方式以及分配方式、希望保留货币形式而消除货币关系固有矛盾想法的根本错误，资本主义经济内在矛盾的加深是金银货币问题的根源，而不是相反。批判同时提出了劳动价值论的三个基本观点：商品价值决定于生产其时需要的劳动时间；劳动时间决定的是"平均价值"；价值是价格运动的规律，二者差别与供求有关。马克思对原有的经济理论以货币和价值作为起点的论述不满意，并直

---

① 顾海良:《通向〈资本论〉的思想驿站——读〈政治经济学批判（1857—1858年手稿）〉》，载《高校理论战线》2012年第3期。
② 顾海良:《通向〈资本论〉的思想驿站——读〈政治经济学批判（1857—1858年手稿）〉》，载《高校理论战线》2012年第3期。

接要求克服其中的唯心主义成分，提出要对商品、交换价值、货币进行前提性的说明。因此，马克思进一步研究了商品的内在矛盾，指出了商品本身与商品价值的二重存在，分析了价值与交换价值的矛盾，揭示了货币是商品交换价值独立外化的本质和结果。得出劳动价值论的两个重要结论：交换价值是比货币形式更为本质的社会存在；货币作为特殊商品，具有商品交换价值的尺度、交换手段、在契约上作为商品的代表、同其他一切特殊商品并存的一般商品四种属性。其中第四种属性为论述货币转化为资本创造了条件。

第二，"资本"章奠定了剩余价值理论的重要基础。标志为剩余价值范畴的提出。马克思分析了交换过程转化为纯粹为了货币积累的过程，这表现了资本的特征即在流通中永远保存自身的交换价值的规定性。资本生产一方面表现为简单生产过程，而另一方面表现为资本占有劳动而实现价值增殖的过程。在此基础上，"资本"章首次提出了剩余价值范畴，即"一个超过等价物的价值"，表现为超过工人维持自身生存的价值而创造的价值。在此基础上，马克思提出了生产力提高与剩余价值增加的三条规则，指出二者之间存在着对立关系，加深了对资本主义经济动态过程的认识。从不变资本与可变资本的划分研究了剩余价值率与利润率关系问题，基本形成了关于资本有机构成的理论。通过研究资本再生产和积累过程，指出了资本对生产力发展的四个限制因素。在生产过程与流通过程统一的意义上，推进了对资本总运动的研究，指出了剩余价值是利息和利润的纯粹形式的论断。①

与顾海良相类似，学者张钟朴也强调《手稿》中的劳动二重性理论以及剩余价值理论为《资本论》奠定了思想基础。在马克思从商品的二重性进入劳动二重性的分析时，侧重指出了运用历史唯物主义的方法，从现象深入本质中。《资本论》中，在论述商品时，马克思以商品二重性、劳动二重性为开端，分析劳动二重性的根源是劳动的私人性质和社会性之间的矛盾。但在《手稿》中，马克思首先揭示的是货币的本质，他的思路是：从产品到商品，从商品到交换价值，从交换价值到货币。古典经济学家研究商品的价值，只看到了价值的量，而

---

① 顾海良：《通向〈资本论〉的思想驿站——读〈政治经济学批判（1857—1858年手稿）〉》，载《高校理论战线》2012年第3期。

忽视了价值的质。而马克思揭示了商品的质的规定性，阐明了价值是商品的社会属性，体现商品所有者之间的社会关系。商品价值首先表现为一种商品和另一种商品之间的比例关系，这样价值就存在于交换关系之中，并通过交换关系实现。当产品成为商品并转化为货币的时候，产品作为一定量的社会劳动就把它的价值表现了出来，从而人与人之间的关系必然地通过这种普遍而广泛的交换关系来实现。因此，个人必须生产交换价值才能构成与自己毫不相干的其他个人之间的社会关系，从而实现自己的劳动价值，另外，每个人支配别人的活动或者社会财富的能力，就在于他占有交换价值。这样，马克思就从商品中揭示了价值的质的规定性。①

学者孙乐强在肯定《手稿》对《资本论》的重要理论奠基作用之外，还指出了《手稿》中的不足之处。第一，马克思此处的剩余价值理论仅仅解决了古典政治经济学的第一个难题，即"资本和劳动的交换如何同'价值规律'相符合"的问题，还没

---

① 张钟朴：《〈资本论〉第一部手稿（〈1857—1858年经济学手稿〉）——〈资本论〉创作史研究之一》，载《马克思主义与现实》2013年第5期。

有解决古典政治经济学的第二个难题,即价值规律同平均利润学说之间的矛盾:根据劳动价值论,在资本有机构成不变的情况下,利润与劳动成比例,等量资本可得到不等量的利润;而按照平均利润率学说,利润同资本成比例,等量资本得到等量利润。这一点是《1861—1863年经济学手稿》中解决的。因此此时只是提出了狭义剩余价值理论。第二,马克思此时虽然提出绝对剩余价值与相对剩余价值的区分,但是其标准是生产的机械化程度,还不是《资本论》确认的生产率的提高。因此,马克思忽视了资本对相对剩余价值的追求程度,在生产方式上,只总结出了工场手工业和大工业,而没有看到协作的方式。第三,再生产理论只是狭义意义上的,他没有把可变资本算作生产费用,在贸易类型划分上,局限于斯密的"实业家与实业家之间"和"实业家与消费者之间"的二元划分,还没有意识到在交换中实业家与消费者同样表现为最终消费者,因此这种划分还无法涵盖两个部类之间所有的流通过程。

2.从经济学整体结构演进视角进行的研究

纵观马克思的经济思想史,学者顾海良认为,不能把《手稿》看成《资本论》的"第一手稿"。因为无论是《1857—1858年经济学手稿》还是《1861—1863年经济学手稿》,都不是按照《资本论》的结构来写的。《手稿》是对马克思整体思想的整理,不仅是经济学思想,有很多思想在《手稿》中留存而没有写入之后的著作中。《手稿》可视为继《共产党宣言》之后马克思的重要思想路标,也是《资本论》发展的思想驿站。顾海良对马克思经济学体系结构的发展过程及其意义的研究较为细致,在这里对其研究成果做简要论述。

顾海良指出马克思在1843年之后长达40年的经济科学探索中,不断探索和构思经济学体系,形成了《政治经济学批判》的"五篇结构计划"和"六册结构计划"的演进思路,还对"六册结构计划"开头部分关于资本理论的体系做了详尽思考,形成《资本论》结构体系。

马克思在1857年8月的《〈政治经济学批判〉导言》中提到了这两次重要构思,一是"五篇结构计划":"(1)一般的抽象的规定,因此它们或多或少属于一切社会形式……(2)形成资产阶级社会内部结构并成为基本阶级的依据的范畴。资本、雇佣劳动、土地所有制。它们的相互关系。城市和乡村。三大社会阶级。它们之间的交换。流通。信用事业（私人的）。（3）资产阶级社会在国家形式上的概括。就它本身来考察。'非生产'阶级。税。国债。公共信用。人口。殖民地。向国外移民。（4）生产的国际关系。国际分工。国际交换。输出和输入。汇率。（5）世界市场和危机。"[1]在"货币"章中，对这一结构做了两点补充，具有重要意义：第一，关于商品范畴，明确提出无论现实中还是理论上，历史上还是逻辑上，商品都是资本主义经济关系存在和发展的起点。第二，强调了"世界市场"是资本主义经济关系总的危机的存在方式，是向未来社会过渡的逻辑中介。在"资本"章中，马克思再次提及"五篇结构计划"，提出对资本范畴的"六分结构"[2]，此后马克思在给恩格斯的一封信中提到再次浏览了黑格尔的《逻辑学》，做了材料加工方法上的改进。不久后，马克思把"六分结构"改为"三分结构"[3]，分为一般性、特殊性、个

---

[1] 《马克思恩格斯全集》第30卷，人民出版社1995年版，第50页。
[2] 《马克思恩格斯全集》第30卷，人民出版社1995年版，第220页。
[3] 《马克思恩格斯全集》第30卷，人民出版社1995年版，第233—234页。

别性三个层次。

1858年年初,马克思继续写作《手稿》时,提出了"分册"出版《政治经济学批判》的设想,提出了"六册结构":《资本》《土地所有制》《雇佣劳动》《国家》《对外贸易》《世界市场》。"五篇结构计划"到"六册结构计划"的转变突出表现在对资本问题的论述中,"五篇结构计划"的前两篇改为了"六册结构计划"的前三册,这三册中资本、土地所有制和雇佣劳动就是"五篇结构计划"中所讲的反映三大阶级利益关系的主要范畴。"六册结构计划"是马克思对经济学整体结构的最重要的也是最后的思考,直到其去世都没有改变这一设想。

1861—1863年间,马克思提出了《资本论》的四卷三册写作计划,顾海良指出,这一计划实际上与"六册结构计划"并不矛盾,而是在"六册结构计划"基础上发展而来的。《资本论》的第1卷实际上相当于"六册结构计划"中第一册《资本论》第一篇"资本一般"的内容。

学者顾海良指出,马克思的经济学理论体系是开放的、与时俱进的,马克思从来没有想过要得到"绝对的真理"。马克思经济学理论是要对资本主义商品经济做一个总体性研究，而不是针对局部的、表象的问题做出对策性的说明，因此就不能只研究《资本论》所揭示的内容，而要放眼于"六册结构计划"的整体规划。①

从马克思对其经济学著作的结构的发展历程可以看到，在对《资本论》进行解读时，应当从《资本论》与马克思经济学整体构想角度更多地探寻马克思在对资本主义商品经济学分析时的经济学进展与哲学思考，从结构的变化解读马克思对理论内容的新认识。

3.关注《手稿》与《资本论》相异的新视角

可见学者大多从理论的推进方面，肯定了《手稿》的重大意义，关注其对《资本论》的理论准备作用，其中最主要的理论贡献就是劳动二重性理论与剩余价值理论，同时学者们也指出了研究的不足之处。至于造成这些差异的原因，学者大多默认了这是由于经济学上的研究由不成熟到成熟、由不完善到完善这一理论生长的自然过程，而学者仰海峰提出了从哲学问题视角的转换所造成的这种差异。

---

① 顾海良：《马克思经济思想史论》，经济科学出版社2015年版，第36—74页。

学者仰海峰认为,《手稿》与《资本论》是两种不同的哲学架构,或者说是认知型,决定了两个文本在逻辑上的重大差异。认知型是福柯①提出来的概念,源自阿尔都塞的"总问题"概念,即一个思想家思想的解读根据在于其内在的逻辑构架,可以通过症候阅读来获得,是制约着知识生产及其表现方式的思维模式。文章首先分析了《手稿》的哲学基础。《手稿》是以劳动本体论为基础的哲学架构:第一,劳动是社会存在的本体,是社会得以存在与发展的纽带。第二,劳动的对象化确证了人的主体性。第三,劳动创造出自由劳动时间,由此出发,马克思把资本主义社会看作一个历史性的存在。同时,《手稿》还存在着另一条思路,即资本逻辑的思路。在劳动本体论中,确证的是人的主体性及其自由,在资本逻辑中,资本成为真正的主体。在确认劳动本体论时,马克思强调劳动的创造性,强调

---

① "我设法阐明的是认识论领域,是认知型(l'épistémè),在其中,撇开所有参照了其理性价值或客观形式的标准而被思考的知识,奠基了自己的确实性,并因此宣明了一种历史,这并不是它愈来愈完善的历史,而是它的可能性状况的历史;照此叙述,应该显现的是知识空间内的那些构型,它们产生了各种各样的经验知识。"引自福柯:《词与物》,莫伟民译,上海三联书店2001年版,第10页。

劳动是社会存在的基础，当进入资本逻辑的视野时，他意识到资本才是社会的主体，劳动不过是资本这一主体实现自身的手段，因此，资本作为主体是从自身出发的。以劳动本体论为基础的人类学的生产逻辑与资本作为主体的资本逻辑是两个不同的逻辑架构，他们的同时存在造成了《手稿》的二元架构，而到了《资本论》中，劳动本体论让位于资本逻辑，因此造成了二者的差异。第一，《资本论》中对劳动的考察，是从资本优先性的角度来讨论的，是特殊社会形式中的劳动。如从对劳动二重性的讨论中，从资本主义社会交换价值优先于使用价值的意义的角度，肯定了抽象劳动的重要性；其对劳动力商品的发现，也是基于货币转化为资本的逻辑视角；在绝对剩余价值的讨论中，人类学意义上的劳动是无法揭示资本的本质的，而只有在资本主义社会中，才能看到只有能够创造增殖的劳动才是有意义的。第二，劳动本体论所确认的主体，在资本逻辑中表现为资本的人格化以及资本增殖的活工具。第三，通过对社会总资本的研究，描绘了自我循环的资本特征，肯定了相对于人的主体性的资本的绝对客体性。

可见，学者仰海峰希望通过表层话语背后的逻辑，来分析马克思从《手稿》到《资本论》的思想变化，为学界提出了新的研究视角，同时也提出了马克思这一时期如何由劳动本体论逻辑转向资本逻辑的问题。

（四）社会形态理论问题——"三大社会形态理论"与"五种社会形态理论"

在"货币"章中，马克思提出了人的三大社会形态理论："人的依赖关系（起初完全是自然发生的），是最初的社会形式，在这种形式下，人的生产能力只是在狭小的范围内和孤立的地点上发展着。以物的依赖性为基础的人的独立性，是第二大形式，在这种形式下，才形成普遍的社会物质变换、全面的关系、多方面的需要以及全面的能力的体系。建立在个人全面发展和他们共同的、社会的生产能力成为从属于他们的社会财富这一基础上的自由个性，是第三个阶段。"①

这一理论的发现，引起了国内20世纪80年代末对"五种社会形态理论"的驳斥思潮，有学

---

① 《马克思恩格斯全集》第30卷，人民出版社1995年版，第107—108页。

者以三种社会形态理论来否定"五种社会形态理论",认为马克思从来就没有提出过"五种社会形态理论"。

在与《手稿》同一时期写成的《〈政治经济学批判〉序言》中有一段论述:"大体说来,亚细亚的、古代的、封建的和现代资产阶级的生产方式可以看作经济的社会形态演进的几个时代。"① 这也是学者据以认为是"五种社会形态理论"(简称"五形态论")的一个依据,即马克思表述的人类社会形态演进的五个时期为亚细亚社会、古代社会、封建社会、资产阶级社会以及共产主义社会。

学者刘佑成指出,国内盛行的"五种社会形态理论"是斯大林对马克思的改写,斯大林在《辩证唯物主义与历史唯物主义》一文中,首次提出五形态论:历史上有五种基本生产关系:原始公社制的、奴隶制的、封建制的、资本主义的、社会主义的。他不仅这样划分出五种形态,而且把每一种形态都同生产力水平联系起来,说这些形态都是由生产力,特别是生产工具的发展水平制约的,是一个

---

① 《马克思恩格斯全集》第31卷,人民出版社1998年版,第413页。

必然的过程。斯大林的这些观点,写进联共(布)党史,编入历史唯物论和政治经济学教材,形成一个僵化的教条。其主要错误在于:第一,斯大林把自然经济社会的几种地区性所有制形式看作独立的社会形态,从而把马克思的社会发展三种形态划分修改为五种形态。第二,斯大林把马克思划分社会形态的标准由个别劳动与社会劳动的关系、个人与社会共同体的关系,改为人们对个别劳动的占有关系和由此产生的阶级关系,从而把马克思讲的亚细亚社会改为原始社会,把古代所有制形式改为奴隶制社会,把封建社会的特征说成是农奴制关系,抹杀了资本主义社会的物化特征等。第三,斯大林把"五形态"同生产力水平并无根据地联系起来,认为其是世界各地的普遍规律,否定了社会发展过程的偶然性和地区的多样性。[1]

可以看出,文章所反对的根本点在于斯大林对马克思思想的僵化处理,反对把"五种社会形态理论"作为一种教条,束缚了思想解放以及对历史具体问题的具体分析。这与我国20世纪80年代经济

---

[1] 刘佑成:《马克思社会发展三形态理论》,载《哲学研究》1988年第12期。

加快发展,思想亟待解放的社会背景是分不开的,国内出现了多种形式的经济体,社会发展理论也亟待创新,因此学界急需用一种更加开放、解释度更高、更具有包容性的理论来指导社会主义建设。到了新千年,这一争论逐渐从"斯大林体系"中走出来,开始更多地关注马克思的相关文本。有学者提出"三形态"与"五形态"理论并不矛盾,而是一种深化关系,如学者顾海良认为,三大社会形式理论并没有改变马克思对经济的社会形态(生产方式)演化关系的理解。相反,二者联系密切。"货币"章把资本主义社会看成第二大社会形式,凸显了资本主义社会的部分特征:它与这一社会形态之前的家长制的、古代的(以及封建的)制度相对立,同时与其后的共同占有和共同以控制生产资料为基础的、联合起来的个人为特征的第三大社会形式相对立,作为第二大社会形式,交换关系是统治人的异己的力量,社会关系表现为独立的物的关系与独立的生产关系。[1]也有学者对"五种社会形态理论"提出质疑,提出了更多的文本依据,引起了

---

[1] 顾海良:《通向〈资本论〉的思想驿站——读〈政治经济学批判(1857—1858年手稿)〉》,载《高校理论战线》2012年第3期。

又一轮的社会形态论争。

学者段忠桥不同意"五种社会形态理论",提出了四点质疑:第一,亚细亚的、古代的和封建的生产方式都属于前资本主义生产方式。因为并不像"五形态理论"所认为的那样,资本主义只产生于封建社会,而马克思所强调的是前三种生产方式的共性,和它们的整体的解体导致的资本主义社会的诞生,前三种生产方式就对应着"三形态理论"中的最初的社会形态。第二,亚细亚的、古代的和封建的生产方式之间不存在依次更替的关系,导致三种生产方式不同的根本原因在于自然环境和历史条件不同,而这些条件又是相互独立的。第三,亚细亚的、古代的、封建的和现代资产阶级的生产方式分别从逻辑上代表着前资本主义经济形态向资本主义经济形态演进的四个阶段,而它们之间不是演进关系。亚细亚生产方式代表手工业依附于农业、劳动者同劳动的客观条件尚未分离;古代生产方式代表着下一阶段,手工业开始摆脱农业;封建生产方式代表着第三个阶段,城市手工业开始摆脱农业,为劳动者与其劳动条件分离创造条件;现代资产阶级生产方式代表这一演进的最终完成。① 此外，段忠桥教授还从马克思研究社会形态理论的目的和方法上做出论证。从马克思研究社会形态理论的目的上来看，马克思主要是为了说明资本主义社会的暂时性和历史性，而不是提出一种历史发展的一般道路的理论，而是要提出一种关于社会主义起源和灭亡的理论。从马克思的研究方法来看，如果承认"五种社会形态理论"，那么马克思就是从原始社会出发研究社会发展阶段问题的，而马克思的方法是以现存的资本主义经济制度为出发点去追溯它的起源以表明它不是从来就有的，同时分析它将被更高级的社会形态所取代。② 但是，从马克思的初衷来看，"五种社会形态理论"也并没有与揭示资本主义社会暂时性相矛盾，而指认"五种社会形态理论"违背了马克思"从后思索"的方法就更缺乏论据。

学者赵家祥回应了上述质疑。首先，虽然在亚

---

① 段忠桥：《对"五种社会形态理论"一个主要依据的质疑——重释〈政治经济学批判（序言）〉的一段著名论述》，载《南京大学学报》2005年第2期。
② 段忠桥：《马克思的三大社会形态理论》，载《史学理论研究》1995年第4期。

细亚的、古代的、封建的生产方式的解体中可以产生出雇佣劳动，但是不等于说是资本主义社会中占统治地位的资本主义生产方式，因此段忠桥混淆了资本主义萌芽与占统治地位的资本主义生产方式。其次，亚细亚的、古代的、日耳曼的三种所有制形式并不等同于《序言》中的亚细亚的、古代的、封建的三种所有制的原始形式的派生形式。《序言》是《手稿》的深化，《序言》把《手稿》中马克思所认为最为稳定且未产生出派生形式的亚细亚生产方式置于第一种形态，把《手稿》中从古代的所有制形式解体产生出来的古希腊、罗马的奴隶制生产方式作为"古代的"生产方式，而"封建的"生产方式并不是对应日耳曼的所有制形式，而是指日耳曼人征服西罗马帝国之后建立起来的西欧中世纪的封建制度。除此之外，如果按照学者段忠桥《马克思的三大社会形态理论》一文的观点，还将导致三个理论的自相矛盾。第一，资本主义生产方式是一切前资本主义生产方式解体的产物，但是具体分析时又指出古代生产方式没有资产阶级生产方式的前提。第二，文章指出马克思没有强调三种生产方式之间的区别，但是又引证说明了三种生产方式相互区别，马克思实际上是通过其区别来论证只有封建的生产方式的解体才能产生出资本主义的生产方式。第三，亚细亚的、古代的、封建的生产方式在逻辑上是前资本主义向资本主义过渡的三个阶段，实际上与"五形态"论无异。另外，文章列举了马恩其他著作中对"五形态理论"的相关思想论述。[1]

学者奚兆永对学者段忠桥的观点也做了反驳，其论点主要有二：第一，《序言》与《手稿》的关系问题，奚兆永教授认为二者不能互相解释，如果发生矛盾也只能以时间上在后的文本纠正在前的文本。这一点受到了段、赵两位学者较为一致的反对，认为二者是可以相互解释的。第二，奚兆永教授认为马克思所说的最初的社会形态指的只是亚细亚社会，第二大形态则指的是包括古代社会、封建社会和资本主义社会在内的形态。[2] 对此，段忠桥教授重申了自己的观点，认为最初的社会形态指的是亚细亚社会、古代社会和封建社会在内的前资本

---

[1] 赵家祥：《对质疑"五种社会形态理论"的质疑——与段忠桥教授商榷》，载《北京大学学报》2006年第3期。
[2] 奚兆永：《关于五种社会形态理论的讨论——兼评〈对"五种社会形态理论"一个主要依据的质疑〉一文》，载《教学与研究》2006年第2期。

主义社会,第二大社会形态指资本主义社会,第三个阶段指的是共产主义社会。①

赵家祥教授则认为奚兆永教授的划分方法是不正确的,而段忠桥教授的划分则是不准确的。首先,二者都混淆了《手稿》中的亚细亚的、古代的、日耳曼的生产方式与《序言》中的亚细亚的、古代的、封建的生产方式。其次,二者都认为马克思所说的资本主义生产之前的各种形式的解体仅仅理解为只包括亚细亚的、古代的、封建的生产方式的解体,事实上,马克思在《手稿》中从劳动者与劳动的客观条件相结合的角度,论述了资本主义生产以前的各种生产方式,所有制形式及其解体过程,包括劳动者把土地当作自己的劳动条件的生产方式、劳动者是生产工具所有者的生产方式以及劳动者直接属于劳动的客观条件的生产方式的解体。因此,马克思所说的"资本主义生产以前的各种形式"所包含的内容十分复杂,主要包括亚细亚的、古代的、日耳曼的三种原始土地所有制形式,个体手工业、个体商业、个体农业的生产方式,奴隶制和农奴制的

---

① 段忠桥:《马克思提出过"五种社会形态理论"吗?——答奚兆永教授》,载《教学与研究》2006年第6期。

生产方式以及各种不同形式的保护关系，这些生产方式的解体都可能产生雇佣劳动制度，但只有封建的生产方式解体能够产生资本主义的经济制度。①

此后，学者赵家祥又详细讨论了"三种社会形态理论"与"五种社会形态理论"之间的关系问题。首先，两种划分社会形态的方法相互区别。第一，五种社会形态划分是以生产关系的性质为标准，三种社会形态划分则是以劳动者和劳动的客观条件的关系为标准，从表面上看是人的发展状况，但是从深层来看，人的发展状况则是由经济运行形式决定的。人类历史上的经济运行形式一般分为三种，也分别可以对应人的三种社会形态，即自然经济社会对应人的依赖性社会，商品经济社会对应物的依赖性的社会，产品经济社会对应个人全面发展的社会。第二，三种社会形态划分法根据个人与共同体关系的变化说明了三大社会形态的依次更替。人的依赖性社会中，人受到原始共同体及其解体后的派生形式的束缚，物的依赖性社会中，受到虚假共同体的束缚，而到了个人全面发展的社会，个人

---

① 赵家祥：《关于五形态理论和三形态理论的讨论——与段忠桥、奚兆永二教授商榷》，载《教学与研究》2006年第6期。

在共同体中获得自由。第三，三种社会形态把衡量财富尺度作为区分不同社会形态依据之一，反映了财富尺度从使用价值、交换价值到个人需要的转变。第四，三种社会形态划分法的重点在于具体考察和分析物的依赖性社会或商品经济社会的形成、特点、本质及其发展规律和必然导致自身灭亡的过程，揭示了物与物之间的关系所掩盖的人与人之间的社会关系和商品经济的拜物教性质。第五，三种社会形态划分法把榨取剩余劳动的形式的不同，作为区分原始共同体解体以后产生的三大文明形式的依据。以上标准都是五种社会形态不能直接揭示的。

其次，两种划分社会形态的方法又具有本质一致性。第一，三种社会形态划分法和五种社会形态划分法所划分开来的社会形态，都属于经济的社会形态。所谓经济的社会形态，是指以经济关系和经济形式为标准划分的社会形态。第二，二者在说明人类历史由公有制社会到私有制社会再到更高发展程度的公有制社会的演变过程方面是一致的。第三，二者在说明人类历史由无阶级社会到阶级社会再到更高发展程度上的无阶级社会的发展过程方面是一致的。第四，三种社会形态划分法实际上是五种社会形态划分法在某种程度上的归纳和概括，因而把这种归纳和概括分解开来，实际上就成为五种社会形态划分法。人的依赖性社会划分为原始社会、奴隶社会、封建社会三个依次更替的社会形态，这三个依次更替的社会形态再加上资本主义社会和共产主义社会，正好是依次更替的五种社会形态。

最后，不能用一种划分方法取代另一种。第一，三种社会形态划分法有其特定的功能，比五种社会形态划分法具有更高的概括性。第二，从五种社会形态划分的角度来看，由于特殊的历史条件，在由一个社会形态向另一个社会形态转变的过程中可能超越某一个或某几个社会形态，但是不能据此否定这种划分。第三，不能用物的依赖性社会或商品经济社会取代资本主义社会和社会主义社会的划分。第四，三种社会形态的划分具有五种社会形态划分所不具有的特殊功能，如第二部分所述，因此也不能以后者取代前者。①

---

① 赵家祥：《五种社会形态划分法和三种社会形态划分法的含义及其相互关系》，载《观察与思考》2015年第2期。

此后有学者也从消除对"五种社会形态"的教条主义理解的角度,补充了更多论据,如学者田心铭指出,马克思的"社会形态理论"是唯物主义历史观的重要范畴。"社会形态"是概括一定性质的社会并把社会发展的不同阶段区分开来的一个整体性概念。它与一定的生产力状况相适应,又是一定的经济基础与上层建筑的结合。马克思之前的经济学家和社会学家谈论对象是"一般社会",是着眼于社会意识观察社会,而马克思分析社会历史所用的方法,是从社会生活的各种领域中划分出经济领域,从一切社会关系中划分出生产关系。其划分社会形态的标准是生产方式,尤其是以生产资料所有制为基础的生产关系。在《序言》中,马克思把"亚细亚的""古希腊罗马的""封建的"和"现代资产阶级的"生产方式看作社会形态演进的几个时代。这里的"亚细亚的"生产方式,指的是东方存在过的以土地公有制为基础的原始的生产方式。后来随着研究不断深入,马克思、恩格斯利用摩尔根的《古代社会》继续研究,形成了对原始社会更清晰的认识,此后便把"亚细亚生产方式"为基础的社会看作原始社会的最后阶段,是从原始社会到阶级社会的过渡阶段,并用原始社会取代了"亚细亚生产方式",最终完成了五种社会形态理论。

在五种社会形态理论的理论意义上,学者田心铭强调这是对客观实际抽象得来的科学理论,解释了世界历史发展的总规律。迄今为止,人类社会发展先后出现了这五种社会形态而且只有这五种形态,说明这种理论经受住了历史考验。而作为总规律,与具体历史发展是普遍性与特殊性之间的关系,并不是所有国家和民族一定要一次经历这五种典型的社会形态的更替。而这五种社会形态的更替关系,更在于表明社会历史发展是一种"自然史"的过程,它是指导对各国历史进程的认识方法而不是可以套用的教条或公式。①

此后,有学者试图突破"三种社会形态理论"与"五种社会形态理论"直接矛盾的框架,提出新视角以供研究社会形态理论问题。

学者郗戈提出,想要更深理解"三种社会形态理论"应当深入生产关系层面,而不仅局限于《手稿》中在交换关系层面的理解。文章指出,实

---

① 田心铭:《历史唯物主义基本原理的经典表述——马克思〈政治经济学批判〉序言〉研读》,载《思想理论教育导刊》2011年第2期。

际上,《资本论》已经从生产关系层面提出了新的"三种社会形态论"表述。只是并非集中系统的表述,是一种"隐性话语"。首先,马克思从劳动者与生产资料的结合方式角度区分了三种社会形态,即劳动者与生产资料的天然统一、历史分离和更高的统一。其次,马克思从所有制形式角度区分了三种社会形态,即以个人劳动为基础的私有制、资本主义私有制和社会所有制。再次,马克思还从剩余劳动占有方式的角度区分了三种社会形态。即剩余劳动的直接占有、剩余劳动以剩余劳动方式的占有和剩余劳动转化为自由活动、自由时间。最后,马克思从"劳动控制方式"的角度区分了三种社会形态,即"超经济力量"的劳动控制、经济力量的劳动控制和社会调节下的自由劳动。因此,"三种社会形态论"蕴含着历史规律性与主体能动性的有机统一。同时,作为五种社会形态论的支持论据,《手稿》中的四种所有制形式理论,与《〈政治经济学批判〉序言》中的"四种生产方式论",是从历史进程思维走向历史逻辑的思维,以共同体所有制和个人私有制之间比重、关系的变化为线索,共同揭示了从原始所有制到个人私有制再发展为资本主义私有制的普遍历史规律与多元道路。至此，可见"三种社会形态论"与"四种生产方式论"都是对依据人类社会的生产关系和交往关系的发展阶段而做出社会形态划分的成熟理论，都可以归结为"原始共同体及次生形式——现代市民社会——未来共同体"这一普遍历史趋势。二者区别在于前者更具有普遍性，而后者具有特殊性。①

可见，文章在"三种社会形态论"与"五种社会形态论"的矛盾关系中找到"四种生产方式论"的逻辑中介，力图把社会形态理论深化到生产关系层面进行讨论，为学界提供了新的解读视角。

（五）财富问题

如前所述，学界对于《1857—1858年经济学手稿》的研究起步很晚，这和《手稿》的传播史是分不开的。作为《资本论》的手稿，学者们对于《手稿》的研究一开始多集中在对较早出版的《序言》和《手稿》与《资本论》之间的关系问题上，对于《手稿》内容的讨论也多半是基于马克思的思想如何从"第一手稿"发展到《资本论》时期的

---

① 郗戈：《"三种社会形态论"与"四种生产方式论"再研究——以〈资本论〉及手稿为中心》，载《马克思主义研究》2017年第4期。

"成熟思想"的角度的思想史的研究,而对于《手稿》本身所提出的一些具体命题的展开是不足的。20世纪六七十年代以来,西方学者和日本学者开始意识到《手稿》(或《大纲》)文本的独立的理论价值,出现了一批以《手稿》为主题的专著,如古尔德的《马克思的社会存在本体论》、内田宏的《新版〈政治经济学批判大纲〉的研究》、奈格里的《〈大纲〉:超越马克思的马克思》等文本。中国对于《手稿》的研究开始得不算晚,但是由于意识形态因素的影响,国内的研究往往集中在刚才所说的思想史的研究维度,对于《手稿》当中的一些具体问题的研究的展开则要到20世纪90年代以后了。

财富,这是古典政治经济学的研究对象,亚当·斯密的《国富论》全名就是《国民财富的性质和原因的研究》,它的主题就是如何增加国民财富,政治经济学也就成了增进国民财富的科学。马克思在《手稿》的导言部分的"政治经济学的方法"一节中考察了资产阶级古典经济学的研究对象,"财富本身和财富的生产被宣布为现代国家的目的,而现代国家被看成只是生产财富的手段"①，这是典型的"见物不见人"，马克思深刻地批判了这些古典政治经济学家的缺陷就在于他们只看到财富变动过程中人与物（也就是财富）之间的关系，而没有看到财富关系背后所体现出来的人与人之间的社会关系。马克思在《导言》中指出，政治经济学研究的应该是"形成资产阶级社会内部结构并且成为基本阶级的依据的范畴"②，这些范畴在政治经济学内部的次序，实际上是由它们在现代资产阶级社会内部的结构所决定的，因此现代资产阶级社会内部的结构也成为政治经济学的研究对象。这种结构实质上就是资本主义社会关系，也就是隐藏在人与物的关系背后的人与人之间的关系，其基础是社会物质生产。因此，政治经济学首先应该研究的当然是"物质生产"。当然，马克思这段关于政治经济学研究对象的论述是富有见地的，深刻地揭示出了国民经济学家"见物不见人"的缺陷。但是，也是因为马克思揭示出了财富问题的实质是资产阶级社会关系特别是生产关系，那么作为"表象"的财富问题

---

①② 《马克思恩格斯文集》第8卷，人民出版社2009年版，第50页。

理所应当就不再是学者们关注的对象,事实上在20世纪90年代以前,国内关于《手稿》的研究很少提及财富问题。

20世纪90年代之后,财富问题的凸显使其成为学界研究的话题,是与中国改革开放之后市场经济的飞速发展分不开的,当渴望财富、追求财富和创造财富被视为一件稀松平常的事情以后,社会的发展要求理论地表达,"毫无疑问,我国人民现在面临的主要是如何增加财富的问题。我们该让所有的人都变成令世人羡慕的大富翁。只是若干年后,我们许多人是否也将会面临一个如何支配自己的财富的问题"?[①] 社会对财富的愈加关注使得财富问题开始进入学者们的视野,对财富的探讨也从单纯的经济领域扩展到了哲学、社会学、文化学、历史学等领域,马克思主义研究领域也逐渐开始有学者从财富问题切入去理解文本,其中《手稿》当中马克思关于财富的大量阐述无疑为这些学者提供了理论资源。

目前,就《手稿》当中的财富问题的研究主要围绕着以下三个主题展开:财富的概念问题、财

---

① 路遥:《平凡的世界》第3部,中国文联出版社1989年版,第49页。

富的尺度和人类社会发展问题、马克思的财富观问题，究其本质看，这三个问题其实是同一问题的三个不同方面，如何定义马克思的财富概念与财富的尺度是密切相关的，而财富概念和财富尺度共同构成了马克思《手稿》当中的财富观问题。这一方面说明对《手稿》的财富问题的研究还不够深入，另一方面也说明《手稿》对财富的论述相对集中。

丰子义是国内较早研究马克思的财富问题的学者，他在《关于财富的尺度问题》中列举了马克思在不同著作当中所涉及的关于财富尺度，其中《手稿》中马克思把"可以自由支配的时间"作为财富的尺度。丰子义把马克思关于财富尺度的表述分为两类，一类是劳动尺度，一类是人的发展尺度，"可以自由支配的时间"无疑是后一种。但作者认为这两种尺度是密切相连的，人的发展尺度总是以劳动尺度为前提和基础，又在新的高度上提升和丰富了劳动尺度。"不能对劳动尺度与人的发展尺度做孤立的、简单化的理解，而是应当在总体劳动观的基础上全面、合理地把握财富的两种尺度。"[①] 具体到如

---

① 丰子义：《关于财富的尺度问题》，载《哲学研究》2005年第6期。

何理解"可以自由支配的时间"这一尺度的问题上,丰子义指出,这种时间是和强制劳动相对的社会关系的范畴。正是由于人需要通过自由时间期间的自由劳动来全面提升自己,实现自己,才能创造更多的物质财富,实现自由而全面的人的发展。只有在这个意义上,自由时间才得以被理解为财富的尺度。

刘荣军和杨端茹在《〈资本论〉及其手稿中财富思想的哲学读解》里就财富的本质及其三种形式进行了探讨,认为财富的本质是体现在物和人之间关系背后的人的关系,在资本主义社会及资本主义之前的社会,对于劳动者而言,财富关系是一种支配性、压迫性的关系,这表现在"一方面,财富是物,它体现在人作为主体与之相对立的那种物即物质产品中;另一方面,财富作为价值,是对他人劳动的单纯支配权,不过不是以统治为目的,而是以私人享受等为目的。在所有这一切形式中,财富都以物的形态出现,不管它是物也好,还是以存在个人之外并偶然地同它并存的物为中介的关系也好"[1]。在资本主义社会生产活动中,商品、货币、

---

[1] 《马克思恩格斯文集》第8卷,人民出版社2009年版,第157页。

资本是财富的三种主要表现形式,马克思在《手稿》中对这三种表现形式进行了深入的分析,资本主义社会财富生产的目的发生了颠倒,使得财富生产中形式变换代替物质变换、交换价值代替使用价值成为目的本身。于是"人的社会关系转化为了物的社会关系,人的能力转化为物的能力"①,这是商品拜物教、货币拜物教、资本拜物教的基础。②

刘荣军在《财富、人与历史》中进一步丰富了财富哲学的内容,他认为马克思主要是在四种意义上使用财富概念的:自然意义、法权意义、经济意义、哲学意义。"马克思关于财富之于人的哲学意义,实际上提供了一个从财富与劳动的关系(外在尺度)和财富的物与人的关系(内在尺度)两个方面探讨人的本质与发展问题的全新的理论视野:财富作为与人相对的物,它是目的,最直接地表现为物的使用价值,在现代社会则表现为交换价值;财富作为由物向人转变的中介,它是手段,最直接地表现在财富作为生产力与生产关系的社会意义上;

---

① 《马克思恩格斯文集》第8卷,人民出版社2009年版,第71页。
② 杨端茹、刘荣军:《〈资本论〉及其手稿中财富思想的哲学读解》,载《西南大学学报》(社会科学版)2007年第6期。

财富作为人本身的主体能力的发挥,它是目的与手段的统一,因而最直接地表现为社会个人的全面而自由的发展。"① 具体到《手稿》当中马克思的财富思想,刘荣军认为马克思在《手稿》中论述了财富对于人的发展的积极作用以及对于社会历史进程的积极影响,主要的依据是马克思在论述未来社会形态当中所提到的在生产力极大发展之后,"真正的财富就是所有个人的发达的生产力。那时,财富的尺度决不再是劳动时间,而是可以自由支配的时间"②。这就将财富与社会发展以及人的发展联系在了一起,在未来社会,人创造财富的过程实际上和人自身的发展的过程是同一的,"财富表现为人的作品不仅确证了人的实践本质,更重要的是它作为载体,促进了人的自由而全面的发展"③。这样,财富的辩证运动就成为马克思的社会历史发展辩证运动的一部分,"马克思通过劳动与财富的关系如何从原始的统一进展到资本主义的历史对立并发展到

---

① 刘荣军:《财富、人与历史:马克思财富理论的哲学意蕴与现实意义》,人民出版社2009年版,第5—6页。
② 《马克思恩格斯文集》第8卷,人民出版社2009年版,第220页。
③ 刘荣军:《财富、人与历史:马克思财富理论的哲学意蕴与现实意义》,人民出版社2009年版,第135页。

未来的高度统一这样的发展过程,从目的与手段、个人与社会、必然与自由等多重视角,深入阐述了他对于财富生产在社会历史发展中的历史意义和辩证作用"①。

余源培在全国财富哲学专题研讨会"马克思的财富观及其当代意义"专题讨论中指出,马克思的财富观包含三个视野:一是坚持以异化劳动理论为核心的政治经济学批判,坚持以对象性活动为核心的哲学批判,坚持以异化劳动的积极扬弃为核心的共产主义学说;二是要把财富的增长与社会文明的发展相贯通;三是把财富和人类的全面发展结合起来,强调人的全面发展要成为目的本身。②

任小艳就《手稿》当中马克思的财富观进行了深入研究,她首先根据使用价值和价值将财富的自然属性和社会属性揭示出来,这样,"财富所囊括的物化的社会形式以及表现为使用价值的物质内容,便使其成为相对于人的对象性确证。马克思正

---

① 刘荣军:《财富、人与历史:马克思财富理论的哲学意蕴与现实意义》,人民出版社2009年版,第135页。
② 董必荣:《财富:社会存在本体论追问——全国财富哲学高级研讨会述评》,载《哲学研究》2011年第1期。

是从这一前提出发开始搭建贯通人与物的桥梁"①。财富的这种二重性实际上是由生产财富的劳动的活动的二重性所决定的,"劳动性质的这种向生产劳动的转变,意味着财富的社会化转向,作为生产的社会方式自身成了财富生产的社会、历史条件"②。既然财富和作为生产实践的劳动联系在了一起,那么财富应当也是人的本质的实现,马克思在《手稿》中确认了这一观点,"事实上,如果抛掉狭隘的资产阶级形式,那么财富不就是在普遍交换中产生的个人的需要、才能、享有、生产力等的普遍性吗?财富不就是人对自然力——既是通常所谓的'自然'力,又是人本身的自然力——的统治的充分发展吗?财富不就是人的创造天赋的绝对发挥吗?"③但是,马克思又指出,在现代社会,即资产阶级社会,在现代世界生产表现为人的目的,而财富则表现为生产的目的,"财富占有的不均衡、不平等以及人的片面发展成为资本统治下的常态,从

---

① 任小艳:《马克思的财富与幸福观——〈1857—1858年经济学手稿〉政治哲学解读》,载《理论研究》2013年第4期。
② 任小艳:《马克思的财富观与幸福观及其当代意义》,载《沈阳工业大学学报》(社会科学版)2014年第3期。
③ 《马克思恩格斯文集》第8卷,人民出版社2009年版,第157页。

而导致资本统治逻辑下的人们的非幸福状态和生活体验"①。作者在此不同于之前学者将财富尺度"劳动时间"向"自由时间"的转变作为马克思所理解的人类社会不同形态的差异,而是认为"劳动时间"作为"财富尺度"这一观点是资产阶级的观点,这种财富的尺度本身就是建立在贫困的基础上,把工人的全部时间都归结为劳动时间,使工人从属于劳动。作者强调要"通过提高个人能力来扩大生产、提高效率、增进财富,并把每个人的全面发展作为未来社会的目的本身"②。

吴瑞敏在《财富与时间——〈1857—1858年经济学手稿〉研究》当中把财富作为《手稿》批判的"明线",既是马克思政治经济学批判的逻辑起点,又与马克思的哲学批判保持着本质性的关系。她从财富作为社会存在、危机批判和哲学建构的三重概念入手,集中阐述了资本主义时代财富的危机,从商品、货币和资本这三个财富的形式和环节深入地

---

① 任小艳:《马克思的财富与幸福观——〈1857—1858年经济学手稿〉政治哲学解读》,载《理论研究》2013年第4期。
② 任小艳:《马克思的财富与幸福观——〈1857—1858年经济学手稿〉政治哲学解读》,载《理论研究》2013年第4期。

揭示出资本主义财富生产的整个过程及其内在的不确定性，最后通过资本主义财富批判来阐述马克思的人学观、自然观和历史观。[①]

（六）自由时间问题

"从19世纪下半叶，尤其是20世纪初以来，不少理论家，如柏格森、胡塞尔、海德格尔、萨特等对时空理论，特别是时间理论进行了新的探索。"[②]在《存在与时间》当中，海德格尔将日常的处于一定计算性的时间境域中的此在指认为是遗忘存在的沉沦于日常的流俗时间，海德格尔等学者对于时间的关注对马克思哲学的研究者产生了一定影响，促使他们开始回头探寻马克思的时间理论。其中，《手稿》当中关于自由时间的论述成为马克思的时间理论的重要来源。此外，随着中国改革开放的不断推进，人们对于自由时间和劳动时间的理解也越发深切，回应社会现实诉求的中国马克思主义理论者也不断推进对于《手稿》自由时间理论的研究。

马尔库塞在《单向度的人》当中引用《手稿》

---

① 吴瑞敏：《财富与时间：〈1857—1858年经济学手稿〉研究》，上海人民出版社2015年版。
② 俞吾金：《马克思时空观新论》，载《哲学研究》1996年第3期。

中"自由时间把它的拥有者改造成一种不同的主体,而作为不同的主体,他进入了直接生产的过程"的论述来批判技术理性对人的全面异化,马尔库塞指出,"在必然王国仍旧存在的同时,怀着有本质不同的目的来对之加以阻止,将不仅是方式的改变,而且也是社会所需的生产程度的概念。这种改变转过来又将影响生产者及其需要"①。资本主义生产环境下劳动本身对生产者的异化作用使得个人要求将自己从劳动世界强加给他的那些异己的需要和异己的可能性中解放出来,重新自由地支配自己的生活,自由地支配时间。"自由的第一个前提就是缩短劳动时间,使得纯粹的劳动时间不再阻止人类的发展。"②

内田弘把《手稿》的理论总结为马克思对于19世纪中叶英国资本主义的理解,"为了对其进行理论上的把握,抽取作为资本一般的最抽象的资本本性,描述了表现为资本一般的一个资本组织并促

---

① [美]马尔库塞:《单向度的人》,刘继译,上海世纪出版社2008年版,第190页。
② Marcuse, "Triebstruktur und gesellschaft", *Suhrkamp Verlag* 1970, S. 152. 转引自俞吾金:《马克思时空观新论》,载《哲学研究》1996年第3期。

进市民社会的发展,同时把世界转化为贩卖市场和购买市场的构造和过程。通过对古典经济学进行系统的批判和重构的过程,把握了资本一般"①。在对资本一般的分析过程中,马克思实际上从头到尾贯彻的主题就是资本的历史辩证法,"资本(所谓资本的生产方式)的历史意义,是资本培育了可自由支配的时间使其自觉地创造制度并驾驭制度的民众的力量,然后资本丢下他们,离开历史的舞台"②。这一过程的出发点是从对社会必要劳动时间的理解开始的,社会为了满足人类肉体所需产品而花费的时间是社会必要劳动时间,如果必要劳动时间能够缩短,那么多出来的这些时间就可以用于生产满足人类精神需求的其他产品,个人在参与社会必要劳动之余可以利用这些自由时间从事精神活动,"人们一边思考着如何解决实际生活中面临的问题,一边从根本上重新思考着所与的社会制度,从而成长为社会的独立的个体。人们在自由时间里一边回答

---

① [日]内田弘:《新版〈政治经济学批判大纲〉的研究》,北京师范大学出版社2011年版,第2页。
② [日]内田弘:《新版〈政治经济学批判大纲〉的研究》,北京师范大学出版社2011年版,第28页。

着当前应该解决的是政策有效性是什么的问题,同时从本质上质疑产生这种问题的制度,构想社会应该前进的道路,从而掌握自主选择的能力和掌握控制自己命运的能力"①。简言之,自由时间实际上是资本不断占有的剩余劳动时间的要素,随着生产力的发展,最终由于资本的运动使得自由时间充分解放,劳动者在自由时间内的自我完善催生了资本主义制度的灭亡,完成了资本自身消灭自己的辩证运动。"在此基础上,在资本留下的各种生产力的体系中,新的原则——劳动者就是所有者这一原则的复苏,使劳动者享有自由时间并获得个性充分发展的社会制度的产生"②。

无独有偶,同样是在20世纪70年代,美国学者古尔德也关注到了《手稿》当中的时间问题,她在《马克思的社会本体论》一书中提出了马克思的"时间辩证法"。在"劳动"一章当中,古尔德考察了劳动与实践的关系,一方面,"劳动创造了时间

---

① [日]内田弘:《新版〈政治经济学批判大纲〉的研究》,北京师范大学出版社2011年版,第96页。
② [日]内田弘:《新版〈政治经济学批判大纲〉的研究》,北京师范大学出版社2011年版,第28页。

或把时间引入了世界"①;另一方面,"时间是劳动活动本身以及这个活动的客观条件的共同尺度"②,特别是在资本主义社会以后,准确的时钟的出现使得时间成为劳动测量工具成为可能,时间才真正成为劳动的尺度。这样,工人的劳动时间就分为两个部分:工人为维持生计而进行劳动的时间被称为社会必要劳动时间;为资本家生产剩余价值而进行劳动的时间被称为剩余劳动时间,资本家为了谋取最大化利益必然会尽可能地压缩社会必要劳动时间,增加剩余劳动时间,因此资本主义社会时间和劳动一样成为工人异己的存在物,因为不管是社会必要劳动时间还是剩余劳动时间都是为资本主义再生产服务的工具。只有在马克思所设想的社会发展的第三阶段,财富尺度不再是劳动时间,而是可以自由支配的时间,时间才能成为为了人的全面而自由的发展而存在的自由时间。可以看出,虽然古尔德和内田弘都关注到了《手稿》当中的时间问题,但古尔

---

① [美]古尔德:《马克思的社会本体论》,王虎学译,北京师范大学出版社2011年版,第59页。
② [美]古尔德:《马克思的社会本体论》,王虎学译,北京师范大学出版社2011年版,第64页。

德的时间概念是作为劳动的附属概念而出现的,其内在逻辑还是西方马克思主义的异化复归的逻辑,而内田弘则把时间作为理解《手稿》资本辩证运动的逻辑主线,时间成为推动社会发展的推进力,和古尔德的时间理论有着本质的区别。

对于这些西方学者的研究成果,俞吾金认为他们突破了只是从自然时间的角度来理解马克思的时间概念的传统观念,"不是从抽象的物质,而是从人类的劳动出发来论述马克思的时间理论,意识到了马克思的时间学说与生存、价值、自由之间的内在联系,注意到了处在不同社会形态中的社会总体及其总体的各个部分在时间上的质的差异性"①,对后来的中国学者有很大的启示作用。

1991年,刘奔率先提出了时间与人类社会发展紧密相连的观点,认为时间结构决定着人类发展空间的广度和深度。② 这样,他就把时间问题和空间问题联系起来,整合成为马克思的时空观问题。在这之后,俞吾金在《马克思时空观新论》当中对时

---

① 俞吾金:《马克思时空观新论》,载《哲学研究》1996年第3期。
② 刘奔:《时间是人类发展的空间——社会时空特性初探》,载《哲学研究》1991年第10期。

空问题进行了详尽的探讨,他分析了苏联的"自然时间观"的优缺点,吸收了马尔库塞、阿尔度塞、古尔德等学者关于时间理论的优秀资源,将马克思的时空学说分为两个阶段,其中《手稿》和《资本论》代表了马克思第二阶段的时空思想的研究成果。俞吾金认为,马克思的时间理论是从劳动出发的,劳动产生了作为客观时间的"社会必要劳动时间"。"社会必要劳动时间之所以是客观的,因为它并不是由哪个商品生产者凭主观愿望决定的,而是在一定的历史条件下展示出来的。"[1]在资本主义生产条件下,不管是必要劳动时间还是剩余劳动时间都是为资产阶级谋取利润的时间而非劳动者的自由时间,在这个意义上可以说资本主义财富的积累和发展正是以窃取劳动者的时间为前提的。这样,工人为了以人的方式生存下去,为了发展自己,就必然会努力争取缩短劳动时间和扩大自由时间。"而只要人们不抽象地谈论劳动者的自由,那么正如马克思所指出的'工作日的缩短是根本条件'。"[2]后来在《物、价值、时间和自由——马克思哲学体系

---

[1][2] 俞吾金:《马克思时空观新论》,载《哲学研究》1996年第3期。

核心概念探析》当中,俞吾金进一步把时间确立为马克思哲学体系的核心概念之一,强调"马克思的时间观不是以人对自然界的物质运动作为出发点,而是以人的生产实践活动作为出发点"①。那么,从实践概念出发,把握马克思的时间观必须明确以下三个结论:首先,社会时间源于人们的生产劳动;其次,社会时间与均匀流逝的自然时间不同,在不同的历史阶段存在着质的区别;第三,社会时间在经济领域的本质表现是"社会必要劳动时间"。与俞吾金类似,之后的不少学者也将马克思的时间思想进行了分期,如盛卫国认为"马克思时间思想发展有其内在逻辑进程,主要表现在八个阶段"②:第一是关于生死、时间与永恒的出发点,表现在马克思早期诗歌中,马克思立志付诸自己的行动改变世界,为今后对社会现实的批判与改造奠定精神上的旨趣与航向,成为马克思终生的操守与信念,从而造就其自身的永恒。第二是以时间与自由意志为主

---

① 俞吾金:《物、价值、时间和自由——马克思哲学体系核心概念探析》,载《哲学研究》2004年第11期。
② 盛卫国:《时间与自由——马克思时间思想的内在逻辑》,载《哲学研究》2007年第10期。

题的生长点，体现在博士论文中，黑格尔思想是作为此时马克思思想的前域而存在，仍然处于抽象的精神理解阶段。但是，与黑格尔不同的，马克思给予感性、实践以高度的重视，把人的自由、实践、时间、现象诸问题紧密联系起来。第三是以颠覆政治国家的永恒理性神话为主题的批判点，体现在对黑格尔国家哲学和法哲学的批判中，马克思通过批判黑格尔永恒国家的观念、宗教与人的自由问题，转向了现实的、有限性的领域，也就是时间的领域去说明问题，特别是对于政治解放、市民社会的批判更是指出其存在的暂时性，主张进行人类解放。当然，此时的马克思对于这些问题的思考并不是充分的，而是以民主革命主义者的身份来理解此问题。但是，彼岸世界的真理消逝以后，历史的任务就是确立此岸世界的真理。于是对天国的批判就变成对尘世的批判，对副本的批判就变成针对原本的批判，自此以后，马克思开始深入物质生产与工人的劳动中对此问题进行批判，揭示私有制的来源，指明人类发展的方向。第四是成长点，在《1844年经济学哲学手稿》中对国民经济学中所涉及的国家、法、道德、市民生活等的关系问题进行探讨。其主要探寻点在于私有制的来源问题，说明私有制是历史的产物，是有时间性的短暂的存在，而非永恒的存在。第五是成熟点，马克思、恩格斯在对费尔巴哈的批判中追寻到历史的真实前提："有生命的个人的存在"，对这一真正的主体的确立是马克思恩格斯时间思想真切阐述的开端，《德意志意识形态》对于时间做出了科学的界定，即从实践的角度来说明时间的本质，从历史发展的规律中说明时间、人的发展、自由的关系问题，历史唯物主义的时间思想已经成熟。第六是深化点，马克思在《1857—1858年经济学手稿》中对时间与自由的问题进行深入的思考和论述，使该问题不断得到深化。马克思首先从物质生产出发，把劳动、时间、死劳动（劳动的客观条件，这是过去劳动，是活劳动的结果）、活劳动（劳动者的劳动）等结合起来。任何劳动都是特定社会形态中的劳动，在不同的社会形态中的生产劳动具有自己不同的特点与属性，劳动与劳动者之间的关系也是不尽一样的，所以，马克思在手稿中描绘出人类社会发展的三个阶段，"人的依赖关系""以物的依赖性为基础的人的独立性""建立在个人的全面发展和他们共同的社会生产能力成为他们的社会财富这一基础上的自由个性"。在第一阶段，劳动者的活动范围是狭隘的，活动的水平是低的，只能在孤立的地点从事着孤立的活动，但是，劳动者与劳动的手段、劳动本身都是统一的，生产的目的在于满足人的需要，人是生产的目的本身。随着劳动的进展，劳动的客观条件在不断发展，特别是作为人的肢体器官延伸的生产工具的不断发展，使生产力水平不断提高，物质生产摆脱了直接需要的目的，而走向了交换。从生产的逻辑中（客观历史的逻辑），人类社会进入第二大社会形态。在资本主义制度下，劳动把劳动客观条件（物化劳动）看作他人财产的关系，劳动者处于异化的状态中，其生产的目的本身是交换，丧失了人的目的性存在。但是，历史的发展又为人的发展解除了等级制度、血缘关系的束缚，实现了形式上的平等与自由，并随着资本的扩张，走向了世界历史阶段。在历史发展的过程中，第二社会形态所创造出的物质财富为人类社会发展的新阶段提供了物质基础，人的主体性的力量得到保存与明证，人从形式的自由、平等发展到真实的自由平等，这充分显示人类社会发展的"时空"拓展。第七制高点与第八发展点，分别为《资本论》中的劳动二重性理论，与用时间的观点来审视世界历史时空下的跨越性问题，最为典型的是对于印度发展的跨越以及跨越卡夫丁峡谷的研究，此处不再详述。

此外，在社会学领域，也有学者从"休闲"的角度来理解马克思的自由时间理论，认为"自由时间"就等同于"休闲"，他们当中有人认为自由时间就是娱乐和休息的闲暇时间，有人则把非劳动时间都定义为休闲，这样"发展智力，在精神上掌握自由的时间"也属于休闲的范畴。①

总的来说，国内关于《手稿》自由时间理论的讨论多半还是沿着时间与社会发展相联系的思路进行的，特别是结合马克思在《手稿》中提出的社会"三形态"理论，自由时间作为未来社会主义社会生产关系的形式而存在。

也有学者试着从其他方向来解读马克思的时间

---

① 陆彦明、马惠娣：《马克思休闲思想初探》，载《自然辩证法研究》2002年第1期；董瑞华：《马克思的闲暇时间理论与休闲经济》，载《当代经济研究》2002年第1期；季相林：《人的全面自由发展与闲暇时间》，载《当代世界与社会主义》2003年第6期；许斗斗：《马克思休闲价值思想探析》，载《学术研究》2006年第5期；王晓杰、汪继福：《马克思主义休闲思想的时代诠释》，载《理论前沿》2008年第2期。

理论。杨耕和赵军武由"时间是人的生命尺度"出发,从人学的角度来考察马克思的时间理论。他们考察了马克思以前古代哲学、近代科学和近代哲学对世界的理解方式,强调马克思所提出的"时间是人的生命尺度"最终指向的是人类解放,要实现人类解放和人的全面发展,就必须使联合起来的个人占有和支配自由时间,时间就可以通过人的活动形式改变而扩展人们的活动空间。"在马克思哲学中,时间不是一个与现实的人及其活动无关的抽象的范畴,而是直接关涉到工人阶级和人类解放,以及人的全面而自由发展的理论。"[1]张雄和速继明则将时间和资本逻辑联系起来加以讨论,考察了马克思的时间与资本的关系问题,时间及其所代表的人的自由状况和发展状况是由社会结构决定的,社会结构取决于社会关系,取决于社会生产方式。在资本主义生产方式下,资本利用自己的人格化代表"把一切纳入自己的滚雪球式的增值轨道的冲动,导致了

---

[1] 杨耕、赵军武:《关于"时间是人的生命尺度"的断想》,载《学术界》2008年第2期。

主体和客体的颠倒"①，资本拜物教成为资本主义社会拜物教的终极形式。对此马克思指出需要节约时间，只有为自由时间留下更多的份额，人类才有机会实现自身的发展。仰海峰也试图从马克思的时间概念与资本逻辑出发来揭示时间范畴的哲学意义，他认为，在《手稿》当中，隐藏着两套逻辑，一个是人类学意义上的物质生产逻辑，另一个则是面对资本主义社会的资本逻辑。"在时间境域中，从自由时间出发，马克思将资本主义社会看作一个历史性的存在，以此反对将客观时间永恒化的思维方式。……扬弃（资本主义）这个历史性社会，就是以自由时间扬弃体现在商品交换中的物化劳动时间，真正进入以人的自由全面发展为取向的自由时间。"②这是人类学意义上的生产逻辑，把人的主体性与自由作为逻辑的出发点和落脚点。但是，《手稿》中还存在另一条逻辑，即资本逻辑，以资本为主体进行讨论，"一切社会生产能力都是资本的生

---

① 张雄、速继明：《时间维度与资本逻辑的勾连》，载《学术月刊》2006年第10期。
② 仰海峰：《〈资本论〉的哲学》，北京师范大学出版社2017年版，第208页。

产力，因此，资本本身表现为一切社会生产能力的主体"①。仰海峰指出，《手稿》当中人类学的物质生产逻辑的问题的关键在于，必要劳动时间的缩短并不必然地意味着自由时间的延长，更不必然导致人的发展，"只有在社会的结构性关系转型中，必要劳动时间的缩短才会带来自由时间的增加"②。

总体来看，《手稿》内容丰富，包含层次丰富的理论增长点，多领域的研究方兴未艾，结合当下我国社会历史的新进程，从人的全面发展、人类命运发展的视角来看时间、空间以及与此相关的生产与财富等问题将成为新一轮的研究热点。

---

① 《马克思恩格斯全集》第30卷，人民出版社1995年版，第587页。
② 仰海峰：《〈资本论〉的哲学》，北京师范大学出版社2017年版，第235页。

参考文献

1.《马克思恩格斯全集》第30卷,人民出版社1995年版。
2.《马克思恩格斯全集》第31卷,人民出版社1998年版。
3.《马克思恩格斯全集》第29卷,人民出版社1972年版。
4.《马克思恩格斯全集》第46卷,人民出版社1979年版。
5.《马克思恩格斯全集》第13卷,人民出版社1962年版。
6.《马克思恩格斯全集》第23卷,人民出版社1972年版。
7.《马克思恩格斯文集》第8卷,人民出版社2009年版。
8.《马克思恩格斯选集》第1卷,人民出版社1995年版。
9. [俄]彼·费多谢耶夫:《卡尔·马克思》,孙家衡等译,生活·读书·新知三联书店1982年版。
10. [英]戴维·麦克莱伦:《马克思传》,王珍译,中国人民大学出版社2006年版。
11. 黄楠森、庄福龄、林利主编:《马克思主义哲学史》第2卷,北京出版社1991年版。
12. 顾海良主编:《马克思主义发展史》,中国人民大学出版社2009年版。
13. [意]马塞罗·默斯托主编:《马克思的〈大纲〉:〈政治经济学批判大纲〉150年》,闫月梅等译,中国人民大学出版社2016年版。

14. 黄晓武主编:《马克思主义研究资料》第5卷(《1857—1858年经济学手稿》研究),中央编译出版社2013年版。

15. [苏]Γ.A.巴加图利亚:《马克思的第一个伟大发现——唯物史观的形成和发展》,陆忍译,中国人民大学出版社1981年版。

16. [德]罗斯多尔斯基:《马克思〈资本论〉的形成》,魏埙等译,山东人民出版社2001年版。

17. [美]马尔库塞:《单向度的人》,刘继译,上海世纪出版社2008年版。

18. [日]内田弘:《新版〈政治经济学批判大纲〉的研究》,王青等编译,北京师范大学出版社2011年版。

19. [美]古尔德:《马克思的社会本体论》,王虎学译,北京师范大学出版社2011年版。

20. 顾海良:《马克思经济思想史论》,经济科学出版社2015年版。

21. 仰海峰:《〈资本论〉的哲学》,北京师范大学出版社2017年版。

22. 张一兵:《回到马克思:经济学语境中的哲学话语》,江苏人民出版社2013年版。

23. 路遥:《平凡的世界》第3部,中国文联出版社1989年版。

24. 顾海良:《马克思政治经济学方法和结构的科学探索及当代意义——马克思〈《政治经济学批判》导言〉读解》(下),载

《马克思主义理论学科研究》2016年第1期。

25. 顾海良:《通向〈资本论〉的思想驿站——读〈政治经济学批判(1857—1858年手稿)〉》,载《高校理论战线》2012年第3期。

26. 仰海峰:《〈资本论〉与〈政治经济学批判大纲〉的逻辑差异》,载《哲学研究》2016年第8期。

27. 张一兵:《历史唯物主义、历史认识论与历史批判理论——马克思〈1857—1858年经济学手稿〉的哲学定位》,载《哲学研究》1999年第10期。

28. 杨学功:《如何理解唯物史观的"经典表述"》,载《理论视野》2010年第4期。

29. 郭艳君:《"经典表述"的再阐释——重读马克思的〈政治经济学批判〉序言、导言》,载《哲学研究》2005年第11期。

30. 蒋大椿:《当代中国史学思潮与马克思主义历史观的发展》,载《历史研究》2001年第4期。

31. 王锐生:《唯物史观:发展还是超越?》,载《哲学研究》2002年第1期。

32. 田心铭:《历史唯物主义基本原理的经典表述——马克思〈政治经济学批判〉序言研读》,载《思想理论教育导刊》2011年第2期。

33. 安启念:《关于唯物史观"经典表述"的两个问题》,载《哲学研究》2008年第9期。

34. 王东、林锋：《〈资本论〉第一手稿的五大哲学创新——〈1857—1858年手稿〉的重新定位》，载《江汉论坛》2007年第6期。

35. 张钟朴：《〈资本论〉第一部手稿（〈1857—1858年经济学手稿〉）——〈资本论〉创作史研究之二》，载《马克思主义与现实》2013年第5期。

36. 刘佑成：《马克思社会发展三形态理论》，载《哲学研究》1988年第12期。

37. 段忠桥：《对"五种社会形态理论"一个主要依据的质疑——重释〈政治经济学批判（序言）〉的一段著名论述》，载《南京大学学报》2005年第2期。

38. 段忠桥：《马克思的三大社会形态理论》，载《史学理论研究》1995年第4期。

39. 段忠桥：《马克思提出过"五种社会形态理论"吗？——答奚兆永教授》，载《教学与研究》2006年第6期。

40. 赵家祥：《对质疑"五种社会形态理论"的质疑——与段忠桥教授商榷》，载《北京大学学报》2006年第3期。

41. 赵家祥：《关于五形态理论和三形态理论的讨论——与段忠桥、奚兆永二教授商榷》，载《教学与研究》2006年第6期。

42. 赵家祥：《五种社会形态划分法和三种社会形态划分法的含义及其相互关系》，载《观察与思考》2015年第2期。

43. 奚兆永：《关于五种社会形态理论的讨论——兼评〈对"五

种社会形态理论"一个主要依据的质疑〉一文》，载《教学与研究》2006年第2期。

44. 田心铭：《历史唯物主义基本原理的经典表述——马克思〈政治经济学批判〉序言〉研读》，载《思想理论教育导刊》2011年第2期。

45. 郗戈：《"三种社会形态论"与"四种生产方式论"再研究——以〈资本论〉及手稿为中心》，载《马克思主义研究》2017年第4期。

46. 刘荣军：《财富、人与历史：马克思财富理论的哲学意蕴与现实意义》，人民出版社2009年版。

47. 吴瑞敏：《财富与时间：〈1857—1858年经济学手稿〉研究》，上海人民出版社2015年版。

48. 张一兵：《历史唯物主义、历史认识论与历史批判理论——马克思〈1857—1858年经济学手稿〉的哲学定位》，载《哲学研究》1999年第10期。

49. 刘奔：《时间是人类发展的空间——社会时空特性初探》，载《哲学研究》1991年第10期。

50. 俞吾金：《马克思时空观新论》，载《哲学研究》1996年第3期。

51. 俞吾金：《物、价值、时间和自由——马克思哲学体系核心概念探析》，载《哲学研究》2004年第11期。

52. 丰子义：《关于财富的尺度问题》，载《哲学研究》2005年第6期。

53. 杨耕、赵军武:《关于"时间是人的生命尺度"的断想》,载《学术界》2008年第2期。

54. 张雄、速继明:《时间维度与资本逻辑的勾连》,载《学术月刊》2006年第10期。

55. 杨端茹、刘荣军:《〈资本论〉及其手稿中财富思想的哲学读解》,载《西南大学学报》(社会科学版)2007年第6期。

56. 董必荣:《财富:社会存在本体论追问——全国财富哲学高级研讨会述评》,载《哲学研究》2011年第1期。

57. 任小艳:《马克思的财富与幸福观——〈1857—1858年经济学手稿〉政治哲学解读》,载《理论研究》2013年第4期。

58. 任小艳:《马克思的财富观与幸福观及其当代意义》,载《沈阳工业大学学报》(社会科学版)2014年第3期。

59. 盛卫国:《时间与自由——马克思时间思想的内在逻辑》,载《哲学研究》2007年第10期。

60. 陆彦明、马惠娣:《马克思休闲思想初探》,载《自然辩证法研究》2002年第1期。

61. 董瑞华:《马克思的闲暇时间理论与休闲经济》,载《当代经济研究》2002年第1期。

62. 季相林:《人的全面自由发展与闲暇时间》,载《当代世界与社会主义》2003年第6期。

63. 许斗斗:《马克思休闲价值思想探析》,载《学术研究》

2006年第5期。

64. 王晓杰、汪继福:《马克思主义休闲思想的时代诠释》,载《理论前沿》2008年第2期。